A VISÃO DO SUPREMO TRIBUNAL FEDERAL SOBRE O IMPEDIMENTO DA CESSÃO DOS DIREITOS AUTORAIS DECORRENTES DA OBRA CRIADA EM PRESTAÇÃO DE SERVIÇOS

CIP-BRASIL. CATALOGAÇÃO NA PUBLICAÇÃO
SINDICATO NACIONAL DOS EDITORES DE LIVROS, RJ

P697v

Pimenta, Eduardo Salles, 1963-
A visão do Supremo Tribunal Federal sobre o impedimento da cessão dos direitos autorais decorrentes da obra criada em prestação de serviços / Eduardo Salles Pimenta. - 1. ed. - São Paulo : Letras Jurídicas, 2022.
168 p. ; 21 cm.

Inclui bibliografia e índice
ISBN 9786589565024

1. Direitos autorais - Brasil. 2. Brasil. Supremo Tribunal Federal - Jurisprudência. I. Título.

21-68777

CDU: 347.78(81)

Camila Donis Hartmann - Bibliotecária - CRB-7/6472

18/01/2021 19/01/2021

EDUARDO SALLES PIMENTA

A VISÃO DO SUPREMO TRIBUNAL FEDERAL SOBRE O IMPEDIMENTO DA CESSÃO DOS DIREITOS AUTORAIS DECORRENTES DA OBRA CRIADA EM PRESTAÇÃO DE SERVIÇOS

1ª Edição – 2022 – São Paulo – SP

LETRAS
Jurídicas

Projeto gráfico e capa; Diagramação
Rita Motta; Ryan Dias – www.editoratribo.blogspot.com

Revisão
Paulo Maretti, Paulo Ribeiro

Editor
Claudio P. Freire

1ª Edição – 2022 – São Paulo – SP

LETRAS Jurídicas

LETRAS JURÍDICAS
Rua Eduardo Prado, 28, Vila Bocaina.
CEP: 09310-500 – Mauá/SP.
Telefone: (11) 3107-6501 | (11) 9-9352-5354
Site: www.letrasjuridicas.com.br
E-mail: vendas@letrasjuridicas.com.br

Impressão no Brasil

DEDICATÓRIA

Para a minha caçula, Duda.

AGRADECIMENTOS

Aos meus filhos advogados: Eduardo Filho,

Enki e Enrik, pela troca de ideias.

APRESENTAÇÃO

Estudar como precedente jurisprudencial a decisão proferida pelo Supremo Tribunal Federal remete à reflexão: a gênese do sistema jurídico brasileiro e a importância da jurisprudência, esse vetor de repercussão nas decisões proferidas por outros juízos, as quais sujeitam-se a recurso, que podem estar alicerçados em precedente jurisprudencial, sobretudo se é da Corte Constitucional: Supremo Tribunal Federal. Esse é o objeto desse trabalho.

Versamos sobre a decisão proferida pelo pleno do Supremo Tribunal Federal, no julgamento da Arguição de Inconstitucionalidade feita na Representação nº 1.031/80, em razão do disposto no artigo 13 da Lei nº 6.533/78.

A primeira ênfase que demos foi sobre a análise sociopolítica à época, envolvendo o empregador e o empregado, na prestação de serviços. Este, por diversas vezes, era compelido a ceder os direitos autorais[1] pela remuneração laboral (salário).

---

[1] Definido pelo art. 1º da Lei nº 9.610/98, são os direitos de autor e os que lhe são conexos.

Com a exigência da classe de criadores e artistas, o Poder Executivo, por meio do Ministro do Trabalho, Dep. Federal Arnaldo Prieto, propôs o Projeto de lei que originou a Lei nº 6.533/78, de maneira a regular a exploração econômica da criação intelectual com a participação do criador/autor que era empregado ou prestador de serviços.

A Lei nº 6.533/78, em seu artigo 13, impede a cessão de direitos autorais decorrente da prestação de serviços, o que é harmônico com o disposto no art. 36 da lei de regência dos direitos autorais, de nº 5.988/73, que dispunha pertencerem a ambas as partes (tomador e prestador de serviços), revogada pela Lei nº 9610/98.

Em razão do impedimento de cessão de direitos autorais sobre a criação/obra intelectual, a Procuradoria da República arguiu a inconstitucionalidade do referido preceito do art. 13 da Lei nº 6.533/78. Ao que é possível compreender da decisão proferida pelo Supremo Tribunal Federal, o excerto do voto do Min. Moreira Alves:

"Essa norma não retirou do titular do direito autoral ou do direito a ele conexo o direito exclusivo de utilizar-se dele. O que fez, apenas, foi estabelecer a proibição, em favor do próprio titular do direito, de cessão definitiva deste, em qualquer caso, ainda que o cessionário seja o patrão. Com isso, esse preceito deu efetiva proteção ao titular desses direitos, sabido como é que, nesses casos, o empregador, para celebrar o contrato de trabalho, poderia compelir o autor ou o artista a ceder, de antemão, os direitos patrimoniais sobre a obra ou a representação dramática, propiciando àquele reproduzi-la quantas vezes o quisesse, sem qualquer pagamento a estes." E conclui o seu voto: *"É a atuação do Estado*

a impedir que, pelo respeito à igualdade meramente jurídica que a autonomia da vontade estabelece, uma das partes contratantes perca a liberdade de contratar com quem deveria fazê-lo em prol de seus interesses, pelo poder econômico da outra, que se aproveita da necessidade que tem a primeira da celebração do contrato."

Com a proteção dos direitos autorais pela Lei nº 9.610/98, ficou assegurada pelo artigo 115 a vigência da Lei nº 6.533/78.

A cessão de direitos autorais é assegurada pela Lei nº 9.610/98, porém é impedida quando os direitos autorais advêm da obra criada em cumprimento de dever funcional ou a prestação de serviços.

Decerto que a aplicação do art. 13 da Lei nº 6.533/78, nos diversos Tribunais de Justiça da Federação e na Justiça do Trabalho, sofre a interpretação mais diversificada.

É prudente lembrar que o sistema adotado pelo Brasil define que a lei por si só é suficiente e plenamente aplicável, limitando qualquer interpretação do juiz no seu processo de aplicação aos casos concretos. Esse caráter "legicêntrico" foi positivado no ordenamento jurídico pela Constituição Federal, artigo 5º, II, ao estabelecer que "ninguém será obrigado a fazer ou deixar de fazer alguma coisa senão em virtude de lei". Desta forma, o modelo brasileiro, inserido na tradição do *civil law*, tem seu direito vinculado à produção legislativa.[2]

---

[2] P. 61 - RAMIRES, Maurício. *Crítica à aplicação de precedentes no direito brasileiro*. Porto Alegre: Livraria do Advogado, 2010.

PREFÁCIO

Fazer a apresentação desta belíssima obra já é uma enorme honra. Efetivá-la no dia dos meus cinquenta e cinco anos de idade é uma alegria maior ainda. Está aí esta crise sem fim da covid-19 para reforçar a convicção de que a vida deve ser celebrada a cada instante. E com ela as amizades, como aquela tão sincera que nutro pelo colega Eduardo Salles Pimenta.

Conheço o autor há aproximadamente trinta anos, e sempre me inspirou na academia e na advocacia. As produções e as reflexões que cria em torno daquela área que eu denomino Direitos Intelectuais sempre são de muita valia científica.

É o caso desta obra, que traz com a complexidade de pensamento e de análise de sempre de Eduardo Salles Pimenta a visão do nosso Supremo Tribunal Federal sobre a (im)possibilidade de cessão dos direitos autorais oriundos de obra criada em prestação de serviços.

O autor analisa com profundidade a interconexão entre dois direitos fundamentais, os Direitos Autorais e o D(d)ireito do(ao) T(t)rabalho. O meu truque de linguagem foi proposital, aqui, pois há um Direito do Trabalho e um direito ao trabalho, facetas certamente distintas de uma mesma realidade.

Traz Pimenta desde as origens ainda teóricas e na fase de projeto legislativo da Lei nº 6.533/1978, cotejando-a com a Lei nº 9.610/1998, apresenta aspectos jurídicos muito relevantes desta incidência, enumera precedentes dos Tribunais estaduais e do Superior Tribunal de Justiça, até desembocar no seu objetivo maior, na análise da Representação número 1.031 pela Corte Máxima do nosso país.

E na linha protetiva antes salientada, conclui pela nulidade de referidos pactos, na perquirição muito detalhada e perspicaz do artigo 13 da Lei nº 6.533/1978 feita de forma sistêmica com todo o arcabouço autoralista pátrio.

É um livro que passa a ser obrigatório nas ponderações de todos os estudiosos e advogados da esfera dos Direitos Autorais.

Boa leitura!

Sapucaia do Sul/RS, 26 de abril de 2021

Prof. Dr. Luiz Gonzaga Silva Adolfo,
Professor da Universidade Luterana do Brasil

"Não explore um assalariado pobre e necessitado,
seja ele um de seus irmãos ou imigrante
que vive em sua terra, em sua cidade."

(Deut. 24: 14).

Sêneca, em uma de suas reflexões, na carta 45, escreveu: *"Seja qual for o valor dos meus escritos lê-os como obra de um homem em busca da verdade, não detentor dela, mas em busca contínua e tenaz. Não alienei os meus direitos a favor de ninguém, não tenho gravado o nome de nenhum proprietário. Confio, e muito, no pensamento dos grandes homens, mas reivindico o meu direito próprio de pensar. De resto eles não nos legaram verdades acabadas, mas, sim, sujeitas à investigação; e porventura teriam descoberto o essencial se não tivessem investigado também temas supérfluos."*

SUMÁRIO

INTRODUÇÃO 19

1 O CENÁRIO SOCIOJURÍDICO DA RELAÇÃO LABORAL DOS DIREITOS AUTORAIS 27

2 O PROJETO DE LEI ANTECEDENTE À LEI Nº 6.533/78 39

3 A ARGUIÇÃO DE INCONSTITUCIONALIDADE AO SUPREMO TRIBUNAL FEDERAL 47

3.1 A harmonia entre a Lei nº 5.988/73 e a Lei nº 6.533/78 56

4 A INTERPRETAÇÃO DO ARTIGO 13 DA LEI Nº 6.533/78 59

5 OS REFLEXOS DA INCESSIBILIDADE DOS DIREITOS AUTORAIS NO ORDENAMENTO JURÍDICO DO REFERENDUM PELO ARTIGO 115 DA LEI Nº 9.610/98 67

6 A OBRA EM COAUTORIA, DERIVADA E COLETIVA E A INTERPRETAÇÃO DO ARTIGO 13 DA LEI Nº 6.533/78 75

7 OS REFLEXOS DA INCESSIBILIDADE DOS DIREITOS AUTORAIS SOBRE A OBRA CRIADA EM PRESTAÇÃO DE SERVIÇOS 89

8 A VISÃO DO SUPERIOR TRIBUNAL JUSTIÇA SOBRE O IMPEDIMENTO DA CESSÃO DOS DIREITOS AUTORAIS DECORRENTES DA OBRA CRIADA EM PRESTAÇÃO DE SERVIÇOS 103

9 A VISÃO DO TRIBUNAL DE JUSTIÇA DO ESTADO DE SÃO PAULO SOBRE O IMPEDIMENTO DA CESSÃO DOS DIREITOS AUTORAIS DECORRENTES DA OBRA CRIADA EM PRESTAÇÃO DE SERVIÇOS. 113

10 A VISÃO DA JUSTIÇA DO TRABALHO SOBRE O IMPEDIMENTO DA CESSÃO DOS DIREITOS AUTORAIS DECORRENTES DA OBRA CRIADA EM PRESTAÇÃO DE SERVIÇOS 127

CONCLUSÃO 131

REFERÊNCIAS 134

INTRODUÇÃO

A nomenclatura "direitos autorais", no plural, é genérica e designativa dos direitos de autor e dos que lhe são conexos. No singular, "direito autoral" é designativo apenas dos direitos de autor, pois autoral é adjetivo designativo de autor. Os direitos autorais são uma espécie que pertence ao gênero da propriedade intelectual, que cuida do direito que tem o criador em relação à sua criação de forma genérica, ou seja, àquelas pertencentes ao gênero literário, artístico e científico.

A expressão "direito autoral" foi introduzida no direito brasileiro por Tobias Barreto, para traduzir do direito alemão *urheberrecht*, tendo como opositor Rui Barbosa, que entendia ser uma expressão que reduzia a mero privilégio os direitos da produção intelectual. Se esta equipara-se ao domínio, cuja inscrição é propriedade literária, científica e artística, tendo a mesma natureza da propriedade, basta-lhe a denominação "propriedade". Pontes de Miranda também entende sê-lo propriedade.[1]

Definimos direitos autorais como sendo o conjunto de prerrogativas jurídicas (morais e patrimoniais – art. 22 da Lei nº 9.610/98) atribuídas, com exclusividade, aos criadores e titulares de direitos sobre obras intelectuais (literárias, científicas e artísticas) de gerir e opor a todo atentado contra essas prerrogativas exclusivas, como também aos que lhe são conexos (intérprete ou executante, produtor fonográfico e empresa de radiodifusão), que gozam da aplicabilidade das normas legais cabíveis aos direitos de autor.

Diversas são as manifestações de espírito exteriorizadas protegidas pela lei que regulamenta os direitos autorais (Lei nº 9.610/98).[2] Muitas dessas criações decorrem de

---

[1] PIMENTA, Eduardo. *Princípios de direitos autorais*. Rio de Janeiro: Lumen Juris, 2004. p. 74. v. 1.

[2] https://www1.folha.uol.com.br/fsp/ilustrad/fq190119.htm
No Jornal *Folha de S.Paulo* de segunda-feira, 19 de janeiro de 1998, o ator Sergio Mamberti escreveu um artigo intitulado: *O direito autoral é, acima de tudo, um direito de cidadania*, narrando o empenho dos artistas, escritores e advogados e citando a nossa participação:

> *"O direito autoral é, antes de tudo, um direito fundamental de cidadania. Conforme nossa Carta Magna:*
> *'Art. 5o: Todos são iguais perante a lei, sem distinção de qualquer natureza, garantindo-se aos brasileiros e aos estrangeiros residentes no país a inviolabilidade do direito à vida, à liberdade, à igualdade, à segurança e à propriedade nos termos seguintes:*
> *XXVII – Aos autores pertence o direito exclusivo de utilização, publicação ou reprodução de suas obras, transmissível aos herdeiros pelo tempo que a lei fixar.*
> *XXVIII – São assegurados, nos termos da lei:*

a) a proteção às participações individuais em obras coletivas e à reprodução da imagem e voz humanas, inclusive nas atividades desportivas;
b) o direito de fiscalização do aproveitamento econômico das obras, que criarem ou de que participarem, aos criadores, ao intérpretes e às respectivas representações sindicais e associativas.'
Na verdade, a Constituição brasileira garante textualmente ao criador, de modo absoluto, o direito sobre sua criação.
Sempre de acordo com resoluções determinadas pelas convenções internacionais, das quais o Brasil é signatário, durante o decorrer deste século ocorreram várias formulações, até chegarmos à lei 5.988 de 1973, em vigor até hoje. Embora não esteja familiarizado com a complexidade do tema, que certamente exige conhecimento específico dada a complexidade dos processos empresariais dos dias de hoje, tenho participado nos últimos anos de alguns debates sobre a questão. Particularmente do projeto de lei elaborado pelo deputado José Genoino, a partir de 1987, com ampla consulta a todos os segmentos da criação. Desde então, vem sendo aguardada com ansiedade, a aprovação de um projeto que reflita essa complexidade, atualizando a legislação brasileira, inclusive com relação ao acordo de Trip's (Rights Intellectual Property) já assinado pelo Brasil. No mês de dezembro, tomamos conhecimento de que o substitutivo elaborado pelo deputado Aloysio Nunes Ferreira, numa tentativa de consolidação dos inúmeros projetos existentes, seria votado em regime de urgência na Câmara federal. Participaram efetivamente do seu formato final o deputado José Genoino, a deputada Jandira Feghali e entidades de classe, chegando-se a um consenso, capaz de proteger, no seu conjunto, os interesses do criador e do empreendedor: o reconhecimento de que o autor é somente a pessoa física, de que o programa de computador é obra intelectual e de que a base de dados tem a proteção do direito autoral, entre outras conquistas. No entanto, os artigos 36, 37 e 38 do substitutivo, ao atribuírem tacitamente o direito econômico da obra artística, literária e cientifica ao empregador, sempre que houver qualquer vínculo contratual ou de dever funcional, geram nitidamente um conflito constitucional. Preocupados com o conteúdo ameaçador desses artigos, entidades de classe representadas por Jacques Dehenzelin e Marcos Vinícius de Andrade e criadores intelectuais, assessorados juridicamente pelos drs. Eduardo Pimenta e Eni Moreira, tentaram inutilmente suprimi-los. O projeto foi aprovado na íntegra pela Câmara, salvaguardados os direitos de intérprete para os atores, mediante subemenda ao artigo 118 do projeto

encomenda, ou seja, obra a ser realizada – obra futura (art. 52 da Lei nº 9.610/98) –, outras decorrem da prestação de serviços, delineada pelo artigo 13 da Lei nº 6.533/78, mas, em sua maioria, decorrem da vontade individual de criar, pelo sentimento da alma, sem o compromisso com isso ou aquilo, ou seja, sem o estímulo econômico para criar.

A Lei nº 6.533/78 regula a profissão de artista e dá outras providências. Entre essas providências, versa sobre os direitos autorais e os direitos conexos, dispondo em seu artigo 13 a incessibilidade dos direitos autorais decorrentes da prestação de serviços.

> *Art. 13 – Não será permitida a cessão ou promessa de cessão de direitos autorais e conexos decorrentes da prestação de serviços profissionais.*

---

de lei, feita pelo relator, declarando que se mantêm em vigor as leis 6.533 (artistas) e 6.615 (radialistas). Mobilizados pela gravidade da situação, uma vez que o projeto de lei deverá ser votado ainda em janeiro no Congresso, nos reunimos em São Paulo com o deputado Aloysio Nunes Ferreira. Após longo debate, esclarecedor para ambas as partes, o relator terminou por acatar nossa demanda reconhecendo que, com a supressão dos três artigos, não haveria prejuízo para o conjunto do projeto. No dia seguinte, uma comissão formada pelas atrizes Fernanda Montenegro e Marília Pêra, o dramaturgo Alcione Araujo, a presidente do Sated/SP, Lígia de Paula Souza, o dr. Eduardo Pimenta e o cineasta Vladimir Carvalho, Jacques Dehenzelin, várias entidades e eu nos dirigimos a Brasília. Fomos recebidos em audiência marcada pela senadora Benedita da Silva e pelo deputado Fernando Gabeira, com o dr. Antônio Carlos Magalhães, presidente do Senado, que acolheu imediatamente nosso pleito, uma vez que o autor do substitutivo, presente na reunião, também estava de acordo. Obtivemos expressamente a garantia do presidente do Senado de que tudo faria para que nossos esforços fossem bem-sucedidos."

Parágrafo único – Os direitos autorais e conexos dos profissionais serão devidos em decorrência de cada exibição da obra.

A criação intelectual realizada sobre o regime de prestação de serviços tem a proibição de cessão dos direitos autorais sobre a criação realizada, por força do artigo 13 retrorreferido. A Procuradoria da República, ante a indisponibilidade de tais direitos, arguiu sua inconstitucionalidade junto ao Supremo Tribunal Federal, a qual teve decisão do Tribunal Pleno.

Decerto que a simples leitura do texto do artigo 13 denota a intenção do legislador em evitar que o criador intelectual, prestador de serviços, fosse obrigado, para receber sua remuneração de trabalho, a ceder seus direitos autorais sobre sua criação exteriorizada naquela prestação de serviços e com isso tivesse um empobrecimento sem causa. De sorte que, com o dispositivo legal, o empregador não pode obrigar ou pressionar o empregado a, ao assinar um recibo de recebimento de remuneração laboral, estender o teor do termo de recibo para comtemplar a cessão de direitos autorais. Como sabido, o prestador de serviços e o empregado são sempre a parte mais fraca dessa relação. Essa questão merece sólida reflexão, quer quanto à hermenêutica legislativa, pois a Lei nº 6.533 data de 1978, e é referendada pelo artigo 115 da Lei nº 9.610/98, quer pela técnica legislativa (a Lei nº 6.533/78 em seu preâmbulo indica: "regula a profissão de artistas e dá outras providências" – qual seria o alcance temático que o legislador pode dar a "***outras providências***"?), quer na observância do direito material (o artista é titular de direitos conexos e não de direito autoral, mas o artigo 13 enuncia "***direitos autorais***", e sobre a exegese dessa nomenclatura, segundo o artigo 1º da Lei nº 9.610/98, insere-se os direitos de autor e os que lhe são conexos; logo, quis, sim, o legislador outorgar a proteção também ao autor e não só ao artista); merece, então, uma justa reflexão para compreender a harmonia do ordenamento jurídico e verificar seus efeitos.

Em nossas conclusões, centramo-nos sobre o direito do criador intelectual, que exterioriza sua obra intelectual tutelada pelos direitos autorais sobre a prestação de serviços ou da relação de emprego. Fato diverso são as criações tuteladas pela Propriedade Industrial (Lei nº 9.279/96), que têm um instituto próprio e diferente dos direitos autorais.

Sobre a incessibilidade dos direitos autorais fixada pelo artigo 13 da Lei nº 6.533/78 e analisada pelo Supremo Tribunal Federal e as leis vigentes é que desenvolvemos este trabalho, dando ênfase na decisão da Suprema Corte.

Iniciamos com as anotações do Poder Legislativo, quando da propositura do projeto de lei que originou a Lei nº 6.533/78, e as justificativas dos Ministros do Suprema Corte que foram a base para a compreensão da restrição da cessão dos direitos autorais.

Consequentemente, situam-se os efeitos da incessibilidade ante a lei de regência de direitos autorais vigente a época: 5.988/73. Considerando que o referido diploma entrou em vigor em 1978, a análise há de iniciar tendo em vista o disposto no artigo 36 da Lei nº 5.988/73, bem como deve se estender ao disposto na Lei nº 9.610/98, haja vista que o artigo 115 deste diploma não só textualmente mantém a vigência da Lei nº 6.533/78 como também admite a cessão de direitos autorais. Compreender e harmonizar o disposto no artigo 13 da Lei nº 6.533/78 com as leis do ordenamento jurídico foi o objetivo perseguido. Outrossim, identificar esses efeitos da incessibilidade de direitos autorais para o *software*, que, em tese, estaria tutelado por uma, ou por ambas: pela Lei nº 9.610/98 e pela Lei nº 9.609/98.

Faz-se, também, a necessária referência à jurisprudência, citando as decisões dos nossos tribunais estaduais e federais para melhor compreensão da incessibilidade dos direitos autorais decorrentes da prestação de serviços, nos casos em concreto.

1

O CENÁRIO SOCIOJURÍDICO DA RELAÇÃO LABORAL DOS DIREITOS AUTORAIS

A riqueza primitiva era decorrente do comércio, sendo regida pelo interesse sobre o lucro como fonte única da realização do empreendimento. Todavia, com o passar dos anos, a maioria dos bens de riqueza no comércio era decorrente de uma produção laboral industrializada. Quando, então, a atuação comercial teve que se ater a valores propiciadores da evolução humana e intelectual, implicou numa atuação equilibrada do empregador com o trabalhador, especialmente nas atividades intelectuais, sobretudo no que tange aos direitos autorais.

Apesar de que nem sempre o equilíbrio foi o cursor dessa relação laboral, em que, por vezes, o empregador tornou-se o opressor do trabalhador, sobretudo quando o trabalhador exteriorizava uma criação intelectual, e em cumprimento de dever funcional.

Fato que de há muito, desde a Era Bíblica, já se registrara: *"Não explore um assalariado pobre e necessitado, seja ele um de seus irmãos ou imigrante que vive em sua terra, em sua cidade."* (Deut. 24: 14).

Desejosos para a obtenção de uma proteção estatal, e a materialização legal de princípios de equidade mediante textos positivos, os trabalhadores-criadores intelectuais mobilizam-se para a aprovação de leis que fixem limites e visem a preservação dos seus direitos autorais junto ao livre arbítrio de exploração de obra. Limites que foram visíveis nos Estados de nítidos valores humanitários, como ocorreu na França com a Revolução Francesa.

Antes da Revolução Francesa, os direitos autorais sobre as obras literárias eram exercidos por concessão de privilégios que o Rei Luís XVI, em exercício de seu poder discricionário, concedia aos livreiros, não para proteger os privilégios dos autores, mas para garantir e favorecer o comércio da impressão das obras. Os livreiros, como detentores desses privilégios, exerciam o monopólio e a defesa dos direitos autorais nos tribunais.

Até que, num conflito de interesses entre os livreiros do interior da França e os livreiros de Paris, em que se questionou, conforme argumento do advogado Louis d'Héricourt, se seria justo e equilibrado permitir que os livreiros do interior imprimissem livremente os livros que pertenciam aos livreiros de Paris, adquiridos em manuscritos de seus autores. Invocou, ainda como argumento, a teoria da propriedade da obra intelectual, cujo ponto central é: o escritor é proprietário da obra que criou, pois o direito de autor é procedente não de um gesto de fixação de um objeto do mundo sensível, mas de um ato de criação intelectual. Essa propriedade o autor transmite ao livreiro, e a ele é transmitida integralmente com todos os atributos, e o principal é a perpetuidade.

Em 4 de agosto de 1789, a Assembleia Constituinte decidiu abolir todos os privilégios individuais. Os privilégios de autor e os privilégios de livreiros, após terem sido suprimidos, permitiram o reconhecimento do direito de autor, que dependeria não de uma concessão arbitrária das pessoas públicas, mas da ordem natural e proveniente do fato de existir uma criação intelectual.

No mesmo sentido, foram suprimidos os privilégios de espetáculo e de teatro, que até então só poderiam ser encenados nos teatros cujos privilégios eram concedidos pelo Rei. Em 15 de novembro de 1791, a Assembleia, por meio do Comitê de Constituição, consagrou o princípio geral de que todo homem pode montar um espetáculo e que a polícia o fiscalizaria.

A Revolução Francesa consagrou os direitos de autor, que nascem espontaneamente da criação intelectual, cabendo ao autor o exercício de todos os direitos sobre sua criação, bem como a sua administração. O direito de representação foi reconhecido pelo Decreto nº 13, de 19 de janeiro de 1791, e o direito de reprodução, pelo Decreto nº 19, de 24 de julho de 1793.

Com as concepções humanitárias emergentes da Revolução Francesa, que pregou a igualdade absoluta e o abandono dos meios coercitivos, enaltecendo a autoridade do exercício da liberdade, o direito de autor é assimilado a um direito natural, fruto do trabalho do homem transpondo o limite do Estado, internacionalizando.

Com o ideal de que a felicidade de um povo estava no bem-estar do maior número de pessoas, evoluiu a democracia e, com ela, a atuação de pequenos grupos organizados em determinados setores da sociedade, que, atuando em nome de uma liberdade fictícia, escravizava outras classes.

E em uma atuação desprovida de qualquer valor ético, sobretudo de respeito ao criador e ao seu direito moral, primou o regime econômico, onde eram espoliados os autores e suas obras intelectuais, ficando à sorte do mercado, segundo a lei da oferta e da procura.

Porém o Estado Liberal, pós-revolução, fica fraco frente ao indivíduo, de forma não mais a oprimi-lo e também não mais a defendê-lo. E o indivíduo, livre e distante do fraco poder do Estado, caiu na tirania dos detentores do poder econômico. A ponto de, no século XIX, projetarem-se como poder maior, as forças econômicas que dominam o Estado e os homens do governo. Daí Lenine dizer que o soberano é o capital financeiro.

O exemplo de desigualdade é narrado por diversos doutrinadores e estudiosos dos direitos autorais como fatos da época, em que os filhos de criadores intelectuais mendigavam, dando origem inclusive a direitos específicos, como o direito de sequência – "*droit de suite*".

E desses fatos, destacamos o vivido pela filha de Strauss, que agonizava em consequência de um edema provocado pela fome, enquanto uma opereta, calcada nos motivos das obras de seu pai (adaptação), rendia milhões a alguns exploradores.

Fatos que motivaram os autores da época a se organizarem, por meio da liderança de Victor Hugo, Alexandre Dumas, Honoré de Balzac e Mensonnier, em Congresso Literário na cidade de Paris, a proporem uma Convenção Internacional para a proteção do autor, mais tarde denominada de Convenção de Berna (Dec. nº 75.699/75). Entretanto, o diploma internacional não fixou limites ou condições para a liberdade dos contratos sobre direitos autorais, haja vista que as partes pertenceriam a classes econômicas desiguais.

No decorrer da História, verificou-se que a mobilização era a expressão maior de força para a manutenção ou a queda do exercício de poder.

Assim, na defesa de seus interesses, organizadamente, os editores e os empresários passaram a intervir nas Assembleias Constituintes, no Congresso Nacional, elegendo representantes e fazendo o *lobby* (participação que é uma faculdade do sistema democrático) para preservar e assegurar, por via legislativa, as possibilidades negociais dos bens de riqueza, de forma a obter dos autores, pertencentes às classes econômicas menos favorecidas, pelo poder de barganha, os seus direitos autorais.

Fato que se constatou no Brasil quando da elaboração do Código Civil de 1916, que permitiu até a cessão do direito de paternidade (*Artigo 667:* "É suscetível de cessão o direito, que assiste ao autor, de ligar o nome a todos os seus produtos intelectuais") ao que Sá Pereira insurgiu: "Neste terreno, o proletário intelectual se acha mais desamparado que o industrial. É esta situação mesma de miséria, e consequentemente de desigualdade contratual que, por toda a parte, está limitando e mitigando o princípio rígido da liberdade de contratar que, assim, de conquista democrática, está hoje utilizada pela grande indústria capitalista, transformada num instrumento de opressão das classes trabalhadoras. A fome, só por si, constitui estado de necessidade. Proclamar aquela liberdade, quando uma das partes contratantes se encontra nesse estado, é uma ironia cruel, que vai chicotear a miséria nos bordos sangrentos de sua chaga."[3]

O que se anseia é que a lei obedeça ao princípio da adequação social, em que sejam preservados os valores básicos do homem e da sociedade, de forma a orientar a materialização legal e a interpretação da lei, e não, ao inverso, a adequação social, obedecer a lei. Pois o direito existe, não na medida em que a lei o declare, mas na medida em que é vivido e exercido. Nesse curso, a lei não deve ser fonte de desequilíbrio econômico, ou fonte de injustiça, por isso necessita de uma sistematização. Todos têm liberdade de contratar, mas em equilíbrio no auferimento dos benefícios, especialmente sobre os rendimentos econômicos dos direitos autorais resultante da obra intelectual criada por contrato de trabalho, ou de locação de serviços intelectuais, ou das demais variações.

Nesse sentir, pontificou Américo Pla Rodriguez que o princípio filosófico norteador do direito do trabalho é o protetor, diante da sua finalidade de origem, que é a proteção jurídica do trabalhador, compensadora da inferioridade em que se encontra no contrato de trabalho, pela sua posição econômica de dependência ao empregador e de subordinação às

---

[3] TELLES NETO. Contrato de edição. Telles Netto. *Jornal do Comercio, Recife,* 1940. p. 113.

suas ordens de serviço. O direito do trabalho, sob essa perspectiva, é um conjunto de direitos conferidos ao trabalhador como meio de dar equilíbrio entre os sujeitos do contrato de trabalho, diante da natural desigualdade que os separa e favorece uma das partes do vínculo jurídico, a patronal.[4]

Na prática contratual para assegurar o monopólio, o empregador, outrora, se resguardou da roupagem do contrato de cessão para garantir mais direitos e menos obrigações para si.

Procedimento que mereceu as seguintes considerações de Walter Moraes: "Sem dúvida alguma, o problema da cessão dos direitos autorais se agrava atualmente e se torna cada vez mais relevante. A maior parte dos contratos que se processa no âmbito da comunicação cultural é de cessão. Entretanto, há quase sempre casos de edição, ou de negócios assemelhados. Há nisso uma subversão da normalidade do sistema autoral, está claro, mas é um fato. As empresas editoriais não querem saber de edição, onde terão de repartir direitos e obrigações. Preferem tudo para si mediante um pagamento, uma espécie de compra. Esta é a índole empresarial. E a cessão é sempre total, ampla, vaga. E os espíritos jovens e criadores, na maioria jovens e iniciantes, não têm condição de optar ou de discutir."[5]

Antônio Chaves, ao comentar sobre a prerrogativa legal da exceção à regra a dita ressalva da *convenção em contrário,* fixada pelo artigo 36 da Lei nº 5.988/73, disse: "A controvertida 'salvo cláusula em *contrário*', constante de tantos dispositivos da Austrália, Brasil, Finlândia, Nova Zelândia, Reino Unido, Tunísia

---

4 *Os princípios de direito do trabalho.* São Paulo: Ed. LTr, 1993, p. 34.

5 *Questões de direitos de autor.* São Paulo: RT, 1977. p. 74.

etc., coloca praticamente os criadores à mercê dos empresários, sempre tentados a aproveitar-se da abertura que essas leis lhes dão para obter dos autores renúncias aos seus direitos durante o período de duração do contrato de trabalho".[6]

É perseguida pela humanidade uma legislação mais humana, em que, presumidamente, todos devessem preservar os mesmos valores, pelos menos aqueles básicos ou primeiros, em que há a interdependência dos Direitos dos Homens, cujo valor-fonte é a pessoa humana, especialmente para o que denominamos de quarta geração de direitos, que se adequa a um mundo globalizado pela internet, pela ausência de fronteiras, em sucessão à 3ª geração (direito dos povos ou direito da solidariedade – pós-Segunda Guerra Mundial), que sucedeu a 1ª (direitos individuais – pós-Revolução Francesa) e a 2ª (direitos coletivos – pós revolução industrial). Conceitos que guiam as leis, pelo menos deveriam guiá-las.

O princípio da participação e distribuição de riqueza é um valor e um conceito que de há muito cresce no ordenamento jurídico como pressuposto do desenvolvimento sociopolítico econômico do Brasil. Nos direitos autorais, implicam em manter com o trabalhador aqueles direitos os quais fogem dos fins da atividade do empregador e salvam o trabalhador da exploração ignóbil, alcovitada pela ganância do capitalismo desenfreado.[7]

Nos direitos autorais, o referido princípio é percebido com a simples leitura do artigo 13 da Lei nº 6.533/78,

---

[6] *Criador da obra intelectual.* São Paulo: LTr, 1995. p. 219.

[7] CAMARGO, Antônio Nonival. *Princípios e ideologias.* São Paulo: Edipro, 2000. p. 129.

que fixa a proibição da cessão dos direitos autorais sobre a obra intelectual resultante da relação de trabalho (trabalhador e empregador), diploma que foi mantido em vigor pela Lei nº 9.610/98 (art. 115). Não menos, a Lei nº 9.610/98, em seu artigo 49, inciso VI, permite ao empregador o uso necessário da obra criada pelo trabalhador. O equilíbrio na relação empregador-empregado nasce do anseio da sociedade, que se materializa em valor principiológico, cujo conteúdo é o compartilhamento participativo nos lucros do empregador. Princípio que foi fixado positivamente na Constituição Federal especifica a participação do trabalhador nos lucros da empresa (art. 7º, XI, regulamentado pelo Medida Provisória nº 955, de 24 de março de 1995, normatizado pela Lei nº 10.101, de 19 de dezembro de 2000, que preceitua que a participação do trabalhador nos lucros não substitui a remuneração devida ao trabalhador pelo serviço prestado).

Sem dúvida alguma, o legislador não quis derrubar paradigmas, mas manter valores primeiros que permeiam o humanismo e a justiça social.

Nesse trabalho, não procuramos imigrar os direitos autorais para o direito do trabalho, mas constatar que os direitos autorais constituem uma categoria do resultado intelectual do trabalho protegido pela lei, ao que procuramos, na interseção de ambos os direitos, vislumbrar um equilíbrio. Até porque o direito do trabalho é o conjunto de princípios e normas que regula as relações entre trabalhador e empregador, sob os auspícios do Estado, girando basicamente em torno da pessoa do trabalhador, cuja proteção e tutela são reguladas juridicamente, tais como:

a liberdade de trabalho, a valorização do trabalho, o dever de trabalhar, o direito ao trabalho, as liberdades trabalhistas – escolha de profissão, de associação e a liberdade de reivindicação, igualdade do trabalho, salário justo e a segurança.[8]

Já os direitos autorais referem-se às questões relacionadas aos atos de participação na elaboração e aos direitos sobre o resultado da atividade humana na criação: a obra intelectual. Além disso, o direito do trabalho especializa os princípios de direito comum, particularmente o Direito das Obrigações, para a situação de contrato de trabalho (trabalho por subordinação), objetivando proteger o trabalho prestado à empresa,[9] enquanto os direitos autorais procuram proteger o vínculo do sujeito – o trabalhador/autor, com o objeto – a obra intelectual.

É de ressaltar, como contempla Carlos Maximiliano: "Deve o aplicador das normas jurídicas atender à natureza do objeto para o qual a doutrina institui determinado princípio."[10]

Até porque a competência jurisdicional é definida, também, em razão da natureza da lide, decorrente da natureza do objeto. Assim, à Justiça do Trabalho compete a discussão sobre a proteção e tutela do trabalhador e à Justiça Comum sobre os direitos autorais da obra produzida pelo trabalhador.

---

[8] ROMITA, Arion Savão. *In:* FERRAZ, Sergio (coord.). *A norma jurídica.* Rio de Janeiro: Freitas Bastos, 1980. p. 93

[9] ASCENSÃO, José Oliveira. *Direito de autor e direitos conexos.* Lisboa: Coimbra, 1992. p. 30.

[10] *Hermenêutica e aplicação do direito.* 18. ed. Rio de Janeiro: Forense, 1999. p. 301/302.

Com a Constituição de 1988, o objeto da obra intelectual (direitos autorais) foi conceitualmente estendido à sua utilização econômica (art. 5, XXVII da CF). Transcendendo aos valores sociopsicoeticoeconômicos do trabalhador/autor para o direito, de forma a assegurar o reconhecimento social da nomeação à autoria; a coibir a opressão do empregador sobre o trabalhador para a obtenção da totalidade dos direitos autorais sobre a obra criada; a assegurar o respeito ao mínimo de ética autoral que permita ao trabalhador combater a cópia desautorizada, a mutilação ou a transformação da obra; e a garantir o uso individual para outros fins que não aqueles do negócio do empregador; além da participação nos lucros da empresa (art. 7º, XI da CF, MP nº 955, de 24 de março de 1995, e Lei nº 10.101, de 19/12/2000).

Outrossim, o princípio de proteção ao trabalhador é caracterizado como o critério fundamental que orienta o Direito do Trabalho, na tutela do trabalho físico gerador de um bem corpóreo. Princípio que se estende ao trabalho intelectual de conteúdo espiritual, que dá vida a um bem incorpóreo, sobretudo quando ausente norma regulamentadora para a criação intelectual produzida em cumprimento de dever funcional ou quando existir conflito de princípios.

A lei especial apenas prevê esse princípio e se inspira no propósito de estabelecer um amparo preferencial a uma das partes: o trabalhador.

Necessariamente, devemos lembrar que, no ordenamento jurídico brasileiro, houve quatro leis que regeram os direitos autorais: a Lei nº 496, de 1898; a Lei nº 3.071, de 1916; a Lei nº 5.988, de 1973, e a atual Lei nº 9.610/98.

2

O PROJETO DE LEI ANTECEDENTE À LEI Nº 6.533/78

O projeto que originou a Lei nº 6.533/78 foi uma propositura do Poder Executivo, decorrente da Mensagem nº 129, de 13 de abril de 1978, com a exposição de motivos nº 13/78, dos Ministros de Estado da Justiça, do Trabalho, das Comunicações e da Educação e Cultura. No Congresso Nacional, recebeu o nº 8, de 1978, e tem por finalidade: "*Dispõe sobre a regulamentação das profissões de Artistas e de técnico em Espetáculos de Diversões, e dá outras providências.*"

No referido diploma tem enunciado do artigo 13: "*Não será permitida a cessão ou promessa de cessão de direitos autorais e conexos decorrentes da prestação de serviços profissionais.*"

À época, fixava a Constituição Federal/1967, quanto aos direitos autorais: "*Aos autores de obras literárias, artísticas e científicas pertence o direito exclusivo de utilizá-las...*" (CF, art. 152, 25);

e quanto à propriedade: *"É assegurado o direito de propriedade, salvo o caso de desapropriação por necessidade ou utilidade pública ou por interesse social..."* (CF, art. 153, 22).

O referido projeto de lei sofreu diversas emendas, mas ressaltamos as três únicas emendas propostas ao artigo 13, respectivamente da lavra dos Congressistas: Deputado Gerson Camata,[11]

---

[11] **EMENDA Nº16**

Dê-se ao *caput* do art. 13, a seguinte redação, suprimindo-se seu parágrafo único:

> "Art. 13. Serão respeitados os direitos autorais e conexos dos prestadores de serviços profissionais, podendo estes daqueles direitos livremente dispor."

Justificação

"A redação constante do art. 13, segundo lhe dá o projeto, não há como possa ser justificada. A primeira impugnação fundamental que se lhe pode oferecer concerne a que ela repudia o princípio, consagrado na Lei sobre Direitos Autorais, da livre disponibilidade, pelo autor, dos direitos de autoria.

E é de assinalar-se que o referido princípio é a forma particularizada da consagração do direito de propriedade assegurado, nestes termos, na Constituição Federal:

> "Aos autores de obras literárias, artísticas e científicas pertence o direito exclusivo de utilizá-las..." (CF, art. 152, 25).

E, amplamente, o mesmo direito de propriedade está assim expresso:

> "É assegurado o direito de propriedade, salvo o caso de desapropriação por necessidade ou utilidade pública ou por interesse social..." (CF, art. 153, 22).

Em face desses ordenamentos constitucionais, como admitir-se possa o legislador ordinário opor limitações ao exercício do direito de propriedade, quando a Lei Magna inadmite-o?

De frisar, por outro lado, que a obrigação de o exibidor remunerar cada apresentação, sobre implicar na criação de um complexo órgão arrecadador e fiscalizador necessário á adequada eficácia do direito garantido, iria obstaculizar reproduções até mesmo com fins exclusivamente educativos e, pois, sem qualquer finalidade lucrativa. Ressalte-se, ainda, como ponderável

Deputado Flexa Ribeiro e[12]

---

inconveniente que emanaria da adoção do parágrafo único do art. 13, que a exigência de sua observância iria impedir a reexibição de programas sem objetivos comerciais, como sói acontecer nas emissoras invariavelmente deficitárias do interior, decorrendo disso o oferecimento de mais um entrave à difusão da cultura e do entretenimento que elas realizam e só o conseguem, hoje, pela inexistência do ônus que se pretende, impensadamente, criar.

É oportuno ainda assinalar que o art. 13, com a amplitude em que está redigido, ensejaria, na sua aplicação, contrariar-se princípio consagrado na Lei 5.988/73, assim expresso:

> *"Quando se tratar de obra realizada por diferentes pessoas, mas organizada por empresa singular ou coletiva e em seu nome utilizado, a esta caberá sua autoria."*

De frisar, por derradeiro, é que, assemelhando-se às produções para televisão, por meio de gravações em *video tape,* às produções cinematográficas, seria de todo impraticável e injustificável que cada figurante, ainda que por mera aparição incidental, viesse a fazer jus a repetidas prestações concernentes ao direito autoral, em razão de cada exibição feita.

Assim, de convir é que, sobre ser flagrantemente inconstitucional o art. 13, como se acha redigido, constitui ele um verdadeiro atentado ao bom senso, com reflexos os mais negativos para a indústria cinematográfica e a televisiva, e repercussões consequentes na difusão cultural.

Cremos que mais não será preciso dizer, a título de demonstrar a inconveniência da aprovação do art. 13 e de seu parágrafo único como redigidos se acham no projeto, razão por que propomos nova redação para o *caput* desse artigo, com a exclusão de seu parágrafo único, conciliando a norma com os princípios consagrados na Constituição Federal relativos ao direito de propriedade e na lei reguladora dos direitos autorais.

Sala das Comissões, 3 de maio de 1978 – Deputado Gerson Camata

[12] **EMENDA Nº 17**

Substitua-se pelo seguinte o texto do art. 13 e seu parágrafo único:

> *"Art. 13. Não será permitida a cessão ou a promessa de cessão de direitos autorais e conexos, decorrentes da prestação de serviços profissionais, salvo se o preço da mesma, ao menos parcialmente, for vinculado a cada execução, exibição pública ou retransmissão da interpretação ou execução fixadas.*
> *Parágrafo único. O preço da cessão poderá ser fixado através de acordo entre*

o empresário e associação de titulares de direitos autorais, constituída na forma do previsto na Lei nº 5.988, de 1973."

Justificação

O objetivo do art. 13 do projeto, claramente expresso em seu parágrafo único, é evitar que as fixações de interpretações e execuções sejam retransmitidas, indefinidamente, sem que assista ao artista uma retribuição justa por esse uso inesgotável. Trata-se de uma modalidade *sui generis* de *droit de suite*, adotado pelo art. 39 da Lei nº 5.988/73, com relação à alienação de manuscritos e de obras de arte em geral, e pelo art. 87 da mesma lei, com relação aos coautores de obra cinematográfica.

Não há, porém, no estabelecimento do *droit de suite,* a proibição da cessão dos direitos de autor. Ao contrário, ele se justifica e se legitima exatamente para proteger o autor quando há cessão, inclusive sob sua forma a mais completa, que é a venda de uma obra de arte plástica (CF, art. 39 da Lei nº 5.988 citada).

Ora, a mesma norma deve ser aplicada ao caso do artista. Se sua interpretação ou execução se agrega, se incorpora a uma criação, a uma obra, não há como não se cogitar da cessão, pois caso contrário o produtor do filme ou do programa não teria garantia suficiente para o investimento feito. Admitamos que algum artista que haja participado de cenas de filmes do genial Chaplin não houvesse cedido seus direitos, limitando no tempo o uso de sua imagem, e que o mesmo, anos depois, por despeito, capricho ou insânia recusasse renovar a autorização: seríamos obrigados a renunciar a rever o filme, ou a exibi-lo com mutilações, hipóteses em que o gesto de um só prejudicaria todos os demais participantes da película. A hipótese é, positivamente, impensável...

Não se trata, pois, de impedir-se a cessão, mas de evitar que ela se processe com o pagamento de uma dada importância fixa, perdendo o artista o direito de participar do sucesso da produção a que haja emprestado sua colaboração.

Nesse sentido, o texto proposto como substitutivo atende aos objetivos, aos justos objetivos, colimados pela classe artística: sem embaraçar a atividade dos empresários, obriga – conforme quer o parágrafo único do art. 13 do projeto original – que o pagamento seja procedido em decorrência de cada exibição da obra. Di-lo, apenas, com melhor técnica, inclusive porque, em matéria de interpretação ou de execução, não há como se cogitar em obra. Por outro lado, o novo texto do parágrafo único, autorizando que o preço

Senador Heitor Dias.[13] Chama-se a atenção para a justificativa

---

da cessão seja negociado por associação de titulares de direitos autorais, integra ou permite integrar a classe artística no regime que, após a criação do ECAD e a constituição do Conselho Nacional de Direito Autoral, tantos e tão bons resultados tem trazido para autores e intérpretes de composições lítero-musicais.

Sala das Comissões, 27 de abril de 1978. – Deputado Flexa Ribeiro

[13] **EMENDA Nº 18**

Renumerando-se os que se lhe seguirem, substitua-se o texto do art. 13 e seu parágrafo único do projeto pelo que se segue:

"Art. 13. A cessão total ou parcial dos direitos conexos dos profissionais referidos no inciso I do art. 2º da presente lei será feita por escrito e presume-se onerosa.

§ 1o A utilização por qualquer meio de fixação em suporte material da imagem ou imagem e som da interpretação, depende de autorização prévia e expressa do artista.

§ 2o A Divisão de Censura da Diversões Públicas do Departamento de Polícia Federal não aprovará programa de quaisquer execuções ou exibições públicas dessas fixações, por qualquer meio ou processo, sem que os mesmos programas venham acompanhados, cada vez, da autorização do artista ou de pessoa sub-rogada nos direitos deste, bem como do recibo de recolhimento, em agência bancária, ou ainda, de documento equivalente, em forma autorizada pelo Conselho Nacional de Direito Autoral, a favor do artista do valor dos direitos conexos relativos ao videofonograma a ser utilizado.

§ 3o A apresentação de certificado de censura não dispensa a da prova de autorização ou pessoa sub-rogada nos direitos deste.

Art. 14. Para o exercício e defesa de seus direitos conexos, podem os artistas associar-se, sem intuito de lucro.

Art. 15. Com o ato de filiação, a associação se torna mandatária de seus associados para a prática de todos os atos necessários á defesa judicial de seus direitos conexos, bem como para a sua cobrança.

Parágrafo único – Sem prejuízo desse mandatário, os titulares de direitos conexos poderão praticar os atos referidos neste artigo."

Justificação

O projeto de lei encaminhado pelo Poder Executivo ao Congresso Nacional dispondo sobre a regulamentação de Artista e de Técnico em Espetáculo de Diversões, visa, na sua essência, a resguardar os direitos morais e do Deputado Flexa Ribeiro, na emenda 17, quando interpreta

---

pecuniários dessa nobre classe, em decorrência da prestação de seus serviços profissionais.

Da análise da disposição contida no art. 13 e parágrafo único do projeto, que inseriu norma impeditiva da cessão ou promessa de cessão de direitos autorais e conexos, decorrentes da prestação de serviços, ficamos convencidos que a mesma, ao contrário do objetivo a que se propõe atingir, frustraria a finalidade precípua do projeto, em propiciar remuneração aos artistas pela utilização secundária de suas interpretações incorporadas em videofonogramas.

Na verdade, estabelecida a proibição pura e simples da cessão dos direitos conexos de que os artistas sejam titulares, nenhum produtor dessas fixações em suporte material se aventuraria a empregar tempo, talento e capital, dada a insegurança de não poder dispor do produto final.

Se o objetivo do projeto é o de resguardar o direito do artista quando essas fixações forem utilizadas posteriormente por meio de execução ou exibição públicas, o que é necessário é estabelecer-se normas que garantam a remuneração efetiva do titular dos direitos conexos.

Assim, a emenda ora apresentada agrupa em três artigos disposições semelhantes às que a legislação nacional em vigor assegura aos titulares dos direitos de autor, na conformidade do que a respeito consta na Lei nº 5.988, de 14 de dezembro de 1973, que regula genericamente os denominados direitos autorais, entendendo-se sob essa denominação os direitos de autor propriamente ditos e dos direitos que lhe são conexos.

Ora, se a própria lei em vigor, *ut supra*, permite expressamente a cessão de direitos autorais, o que é tradição de nosso direito desde o advento do Código Civil, estipularem-se normas contrárias a esses basilares princípios redundaria em verdadeiro caos jurídico, pois os mesmos direitos autorais, quando versassem os direitos dos autores, compositores, e dos intérpretes, poderiam ser cedidos, e quando versassem os dos artistas, não.

Ressalte-se, por último, que a presente emenda não pretende impor qualquer inovação arbitrária, mas apenas fazer estender aos artistas a mesma sistemática da legislação que vige no Brasil, com sucessão há cerca de 50 anos para a proteção do direito autoral de execução pública musical, como dispõem as normas constantes dos regulamentos baixados com os Decretos nº 18.527, de 1928; 20.493, de 1946, 1.023, de 1962; 61.123, de 1967, bem como dos dispositivos inseridos na lei reguladora dos a incessibilidade de direitos autorais como uma forma de direito de sequência (*droit de suite*).

As emendas foram rejeitadas pelo Congresso Nacional, com o parecer da Comissão no seguinte sentido: *"O Poder Executivo, ao incluir neste Projeto a proibição de cessão de direitos autorais e conexos pretende proteger o artista, atendendo a constante reivindicação da categoria e de seus órgãos de classe. Parece-nos mais conveniente manter o artigo tal como proposto pelo Executivo, consequente de negociações prolongadas.*" (DCN 048, de 16/05/1978, p. 901).

Aprovado pelo Poder Legislativo nos termos do Substitutivo da Comissão Mista que o examinou, o projeto foi sancionado sem vetos, convertendo-se na Lei nº 6.533/78, de 24 de maio de 1978, entrando em vigor no dia 19 de agosto do mesmo ano.

Permaneceu como redação final, aprovado e sancionado o disposto no *caput* e parágrafo do artigo 13, no seguinte teor: *"Não será permitida a cessão ou promessa de cessão de direitos autorais e conexos decorrentes da prestação de serviços profissionais.*

Parágrafo único. *Os direitos autorais e conexos dos profissionais serão devidos em decorrência de cada exibição da obra."*

---

direitos autorais, Lei nº 5.988, de 14 de dezembro de 1973.
Sala das Comissões, 27 de abril de 1978. – Senador Heitor Dias.

3

A ARGUIÇÃO DE INCONSTITUCIONALIDADE AO SUPREMO TRIBUNAL FEDERAL

A Procuradoria-Geral da República e o Assistente de Litisconsorte Gecy Valadão (em arte Jece Valadão) promoveram Representação, que tomou o nº 1.031, arguindo a inconstitucionalidade do artigo 13 da Lei nº 6.533/78.

Eis o artigo 13 na literalidade:

> *"Art. 13. Não será permitida a cessão ou promessa de cessão de direitos autorais e conexos decorrentes da prestação de serviços profissionais.*
>
> *Parágrafo único. Os direitos autorais e conexos dos profissionais serão devidos em decorrência de cada exibição da obra."*

O fundamento foi o desrespeito ao disposto no artigo 153, § 25 da Constituição, sendo representados: o Congresso Nacional, o Sr. Presidente da República e, como Assistente de Litisconsorte, a Confederação Nacional dos Trabalhadores em Estabelecimentos de Educação e Cultura.

O Supremo Tribunal Federal, à época, contava com a seguinte composição: Min. Xavier de Albuquerque (relator), Min. Rafael Mayer, Min. Decio Miranda, Min. Soarez Muñoz, Min. Cunha Peixoto, Min. Moreira Alves, Min. Thompsom Flores, Min. Cordeiro Guerra, Min. Leitão de Abreu, Min. Djaci Falcão e Min. Antônio Nader (Presidente). Em 10 de dezembro de 1980, julgaram, em sessão plenária (sustentando oralmente o Procurador-Geral da República, o substituto Francisco de Assis Toledo; pelo Assistente do Litisconsorte o advogado Waldemar Zveiter; e pela Confederação Nacional dos Trabalhadores em Estabelecimentos de Educação e Cultura o advogado Ulisses Riedel de Resende) e, por unanimidade de votos dos ministros, decretaram a improcedência da representação **(acórdão na íntegra em anexo)**.

Após o relatório, os senhores ministros assim votaram:

> O Ministro Relator, em seu voto, assinalou: "*...dado que ao legislador ordinário sempre foi reconhecido o poder de restringir o exercício de direito individual, quando o seu livre uso for contrário dos interesses da coletividade ou, como no caso presente for lesivo aos seus próprios titulares.*"

Por conseguinte, em seu voto, o ***Sr. Ministro Rafael Mayer*** disse: "*a norma legal tem evidente caráter protetor,* *precisamente com relação àqueles direitos decorrentes ou inerentes à prestação de serviços profissionais. Esta vinculação é que suscita a necessidade da proteção, tendo em vista o interesse social aí presente. É norma de caráter social, como tantas outras, em que o condicionamento do direito não importa em restrição dele, senão em sua defesa, garantia e efetividade."*

Importante é atentar para o voto do Ministro Moreira Alves, pois, quando Procurador-Geral da República, foi ele o autor do anteprojeto de que se originou a Lei nº 5.988, de 14 de dezembro de 1973, que regularia os direitos autorais até a sua revogação, pela Lei nº 9.610/98.

O ***Sr. Ministro Moreira Alves***: *"Sr. Presidente, examinei, com muita atenção, os memoriais relativos a este caso, por ter sido eu, quando Procurador-Geral da República, o autor do anteprojeto de que se originou a Lei 5.988, de 14 de dezembro de 1973, que regula os direitos autorais. Naquela oportunidade, examinei problemas semelhantes ao presente, e não tive dúvida em optar por solução de proteção ao autor, ainda que por meio de restrição à disponibilidade de seus direitos patrimoniais. Assim, e independente de qualquer relação de natureza trabalhistas, encontra-se nessa lei o disposto no art. 39, que reza: 'Art. 39. O autor, que alienar obra de arte ou manuscrito, sendo originais, ou direitos patrimoniais sobre obra intelectual, tem direito irrenunciável e inalienável a participar na mais-valia que a eles advierem, em benefício do vendedor, quando novamente alienados'. Direito inalienável e irrenunciável, restrição acauteladora para que se evitasse pressão de poderio econômico. O mesmo ocorre com referência ao artigo 54 dessa Lei:*

'Art. 54. A cessão dos direitos do autor sobre obras futuras será permitida se abranger, no máximo, o período de cinco anos.

Parágrafo único. Se o período estipulado for indeterminado, ou superior a cinco anos, a tanto ele se reduzirá, diminuindo-se, se for o caso, na devida proporção, a remuneração estipulada.'

Outra restrição. É por quê? Para impedir que se repetisse fatos como o ocorrido com o Prof. Veiga Cabral, que, aos vinte e um ou vinte dois anos de idade, querendo concorrer a uma cátedra no Instituto de Educação do Rio de Janeiro, e não dispondo de recursos para a impressão de sua tese, teve de concordar com a exigência do editor que a publicaria por sua conta, desde que o Professor lhe cedesse os direitos patrimoniais de todas as obras que viesse a escrever durante sua vida. Veiga Cabral, com isso, pôde conquistar a cátedra, mas ficou vinculado, pelo resto de sua vida, às condições daquela cessão de direitos patrimoniais sobre as obras que produziu posteriormente.

E nota-se (a título de reparo ao eminente advogado que, da tribuna, profligou interpretações civilistas), isso em lei de natureza tipicamente civil, sem vinculações ao direito trabalhista. No caso presente, toda a controvérsia gira em torno do artigo 13 da Lei 6.533/78, o qual reza: 'Não será permitida a cessão ou promessa de cessão de direitos autorais e conexos decorrentes da prestação de serviços profissionais.'

Parágrafo único.[14] *Os direitos autorais e conexos dos profis-*

[14] Direitos autorais e conexos. Reprodução de imagens de artistas profissionais. Se artistas autorizaram expressamente, mediante pagamento, que suas imagens de trabalho em fotonovela fossem reproduzidas em revista especializada, não podem pretender receber novos valores apenas por terem tais publicações sido posteriores à Lei número 6.533/78, e com in-

sionais serão devidos em decorrência de cada exibição da obra.'

Essa norma não retirou do titular do direito autoral ou do direito a ele conexo direito exclusivo de utilizar-se dele. O que fez, apenas, foi estabelecer a proibição em favor do próprio titular do direito, de cessão definitiva deste em qualquer caso, ainda quando o cessionário seja o patrão. Com isso, esse preceito deu efetiva proteção ao titular desses direitos, sabido como é que, nesses casos, o empregador, para celebrar o contrato de trabalho, poderia compelir o autor ou o artista a ceder, de antemão, os direitos patrimoniais sobre a obra ou a representação dramática, propiciando àquele reproduzi-la quantas vezes o quisesse, sem qualquer pagamento a estes. O artigo em causa, em última análise, com que permitiu somente – e em favor dos autores e artistas, cessões

---

vocação do disposto no parágrafo único do seu art. 13. E que a Lei não poderia atingir ato jurídico perfeito, sob pena de maltrato ao parágrafo 3 do art. 153 da Constituição Federal. Quanto a outros artistas, que não deram autorização para a reprodução, e nem receberam pagamento por ela, cabe-lhes direito ao recebimento da indenização. Recurso extraordinário conhecido e provido, em parte.
Re 101280 / RJ / recurso extraordinário / relator(a): min. Aldir Passarinho/ publicação: DJ data-15/03/85 pg-03142 ementa vol-01370-03/ pg-00627 / julgamento: 27/11/1984 – segunda turma / votação unânime. Resultado conhecido e provido.
"Direitos autorais e conexos. Seriados exibidos em televisão. Nas obras coletivas, os direitos autorais cabem às empresas que as organizam. Ao artista, que participa de obras coletivas, cabe remuneração não só pelo seu trabalho como também por cada exibição da obra. É proibida a cessão ou promessa de cessão de direitos autorais ou conexos decorrentes dos serviços profissionais do artista. Nada impede que a remuneração do trabalho seja paga cumulativamente com a decorrente da primeira exibição." (Apelação Cível nº 37.620 – Rio de Janeiro – relator Graccho Aurélio – CC:7a – v.u. – 19/12/85)

temporárias (para exibição da obra), mas em número indefinido, proibida a cessão definitiva.

O **Sr. Ministro Thompson Flores:** *são cessões onerosas.*

O **Sr. Ministro Moreira Alves:** *não se retirou o direito exclusivo de utilização da obra ou da representação, o que a Constituição garante, na parte inicial do § 25 do artigo 153. Disciplinou-se essa utilização de maneira que ficassem protegidos o autor e o artista em face de seu empregador. É a limitação necessária a essa disciplina, a qual visa exatamente a permitir o exato cumprimento da garantia constitucional (que, sem ela, seria ilusória, pela desigualdade econômica entre as partes contratantes), não viola, evidentemente, a garantia que, por meio dela, efetivamente se assegura. Aplica-se, aqui, o que universalmente tem sido admitido e que, em teoria, se denominou* **dirigismo** *contratual. É a atuação do Estado a impedir que, pelo respeito à igualdade meramente jurídica que a autonomia da vontade estabelece, uma das partes contratantes perca a liberdade de contratar com quem deveria fazê-lo em prol de seus interesses, pelo poder econômico da outra, que se aproveita da necessidade que tem a primeira da celebração do contrato. Por tudo isso, sr. Presidente, não tenho dúvida alguma em acompanhar os colegas que se vêm manifestando no sentido da improcedência da representação.*

O **Sr. Ministro Cordeiro Guerra:** *Sr. Presidente, na presente representação procurou-se interpretar os artigos impugnados como inconstitucionais, como uma restrição ao direito de usar, fruir e dispor de coisas ou limitar um direito; procurou-se, por assim dizer, ressurgir os princípios da liberdade de contratar do*

Código Napoleônico. Sustentou-se que o art. 13 e o seu § único são violadores dessa liberdade. Entretanto, no campo do Direito Civil, são numerosas às limitações à livre convenção no interesse da justiça social, além das que ocorrem no Direito do Trabalho. Rompeu o direito moderno com o individualismo consagrado no Código Civil e cerceou a liberdade de contratar ao disciplinar, por exemplo, os arrendamentos rurais. Tive oportunidade de dizer isso, em voto que acabou prevalecendo nesta Egrégia Corte, quando discutiu o capítulo do arrendamento rural em face ao Estatuto da Terra. Ninguém ignora as limitações ao direito de contratar decorrentes da lei de Luvas, da Lei do Inquilinato, dos contratos de adesão regulamentados pelo Poder Público: os seguros, a capitalização, os transporte, enfim, todos aqueles contratos em que, como observou SI-GAMMAL, a ordem jurídica sofre a influência da intervenção econômica do Estado. Disse RENÉ SAVATIER: 'Os contratos são menos considerados, hoje em dia, como um livre construção da vontade humana do que um contribuição das atividades humana à arquitetura geral de um país, arquitetura que o Estado entende, agora, dirigir pessoalmente.'

É a Suprema Corte Americana que definiu o direito de contratar:

'A liberdade de contratar não é um direito absoluto. É condicionado. Não há um direito de fazer, cada um, o que ela quer, ou o contrato como ele escolhe. A garantia da liberdade não tira do Legislativo a supervisão do amplo departamento de atividade que consiste no realizar os contratos ou negar ao Governo o poder de prover medidas restritivas. A liberdade

implica a ausência de restrições arbitrárias, não a imunidade ante razoáveis regulamentações e proibições impostas no interesse da comunidade.'

Regulamentos governamentais da liberdade de contratar, frequentemente são reconhecidos constitucionais pela Corte Suprema Americana.

Conforme já tive oportunidade de salientar, frequentemente reconhecemos a legitimidade de restrições legais à liberdade de contratar, inclusive neste caso, que foi o último mais importante, relativo ao Estatuto da Terra Ag 85.333 – PR – RTJ 88/232).

Ora, na espécie, o que a lei impugnada proíbe, não o faz contra o titular do direito assegurado na Constituição, mas a favor dele, para protegê-lo.

Não vejo qualquer inconstitucionalidade nos textos apontados como infringentes da Carta Magna. Essas palavras são apenas ditas para mostrar que não se trata de um julgamento excepcional, mas de um julgamento decorrente de um princípio reconhecido, de uma jurisprudência que se sobrepõe a interesses de partes ou a clamores de interessados. Este Tribunal decide na estrita observância dos mandamentos da Constituição e das leis do País, sem ceder a influências econômicas ou a pressões demagógicas. E disso estou bem certo, pelos fundamentos votos que me precederam e pelos seguros argumentos do voto do eminente Relator a que adiro sem restrições.

Julgo improcedente a representação.

*O **Sr. Ministro Carlos Thompson Flores:** Senhor Presidente*

Do relatório e dos memoriais recebidos, convenci-me que a representação não poderia prosperar. Penso que convivem, e sem qualquer embaraço ou atrito, o art. 13 e seu parágrafo único, da Lei 6.533/78, com o art. 153, § 25, da Constituição.

O alcance de um e de outro é completamente distinto. A lei ordinária é eminentemente protetiva e resguarda o trabalho do intérprete sem afastar ou comprometer o autor. Posto que aparentemente limitativa, o preceito é tutelar, como encontrado na C.L.T., ou normas de direito civil. Bem inspirado, pois esteve o eminente Relator, começando seu voto com as derradeiras expressões das informações de S. Exa. O Presidente da República, das quais se extrai esse cunho protetivo da lei. A meu ver aí reside a chave da controvérsia.

*O **Sr. Ministro Djaci Falcão:** "Sr. Presidente, o art. 13 da Lei 6.533/78, guarda em si uma intenção protetiva dos chamados direitos autorais visando resguardar os autores contra possíveis atos lesivos dos seus interesses. A regra, que guarda elevado alcance social, como tantas outras, quer no plano do Direito Trabalhista, como no próprio Direito das Gentes, do Direito Civil, tem um caráter eminentemente público e, via de consequência, não conflita com o princípio inserido no § 25 do art. 153 da Constituição. O douto Pontes de Miranda teve oportunidade de afirmar que o legislador constituinte fez vitalício o direito do autor.*

Acompanhando o voto do eminente Ministro Relator, julgo improcedente a representação."

Pela análise do julgado da representação, quis o legislador, segundo entendimento do Supremo Tribunal Federal, impedir a cessão de direitos de autor e os que lhe são conexos pelo enunciado no artigo 13 da Lei nº 6.533/78. É o que exprime a lavra do Min. Moreira Alves: *"O artigo em causa, em última análise, como que permitiu somente – e em favor dos autores e artistas – cessão temporária (para uma exibição da obra), mas em indefinido, proibida a cessão definitiva."*

Nota-se que o impedimento da cessão de direitos autorais, quando a obra é criada em prestação de serviços, alcança os agentes Autor (titular de direito de autor) e Artistas (ator, atriz, dublador, intérprete e executante), e sobretudo é constitucional. Tal dispositivo vige até a presente data.

3.1 - A HARMONIA ENTRE A LEI Nº 5.988/73 E A LEI Nº 6.533/78

Anterior à Lei nº 5.988/73, a relação entre o autor/criador e sua obra/criação era regulada pelo Decreto 3.701/16, do art. 649

> DIREITO AUTORAL – Indenização – Artistas de "dublagem" em película de cinema – Cessão expressa da totalidade dos direitos patrimoniais emergentes da utilização da obra – Hipótese anterior à vigência da Lei nº 6.533/78 – Não abrangência, contudo, dos direitos morais, inalienáveis e irrenunciáveis – Indenização devida sob esse ângulo ante a não indicação do nome ou pseudônimo dos autores da obra – Sujeição às sanções previstas no artigo 126 da Lei nº 5.988/73 – Valor a ser apurado em liquidação por arbitramento – Recurso dos autores parcialmente provido – Recurso da ré prejudicado. (Apelação Cível nº 265.491-1 – São Paulo – 2ª Câmara de Férias "B" de Direito Privado – Relator: Vasconcellos Pereira – 22.10.96 – V.U.)

Vale o destaque de época, que a Lei nº 5.988/73 vigente então à época, dispunha em seu art. 36:

> *Art. 36. Se a obra intelectual for produzida em cumprimento a dever funcional ou a contrato de trabalho ou de prestação de serviços, os direitos do autor, salvo convenção em contrário,* ***pertencerão a ambas as partes****, conforme for estabelecido pelo Conselho Nacional de Direito do Autor.*
>
> *§ 1º O autor terá direito de reunir em livro, ou em suas obras completas, a obra encomendada, após um ano da primeira publicação.*
>
> *§ 2º O autor recobrará os direitos patrimoniais sobre a obra encomendada, se esta não for publicada dentro de um ano após a entrega dos originais, recebidos sem ressalvas por quem a encomendou.*

A harmonia entre o teor do art. 36 da Lei nº 5.988/73, em positiva pertencer a ambas partes: empregador e empregado, contratante e contratado ou tomador de serviços e prestador de serviços/criador intelectual, e os direitos autorais (*direito de autor e os que lhe são conexos – art. 1 da Lei nº 9.610/98*) sobre a obra criada em cumprimento de dever funcional ou contrato de trabalho.

O que quis o legislador foi garantir o equilíbrio econômico entre as partes, visto que a exploração da obra, pelo sucesso auferido após a criação, quer pela audiência, quer pelo interesse do público, gera *royalties* e recursos para ambas as partes.

De modo que o teor do art. 13 da Lei nº 6.533/78, ao dispor:

> *Art . 13* ***Não será permitida a cessão ou promessa de cessão de direitos autorais e conexos decorrentes da prestação de serviços profissionais****.*
>
> *Parágrafo único – Os direitos autorais e conexos dos profissionais serão devidos em decorrência de cada exibição da obra.*

equilibra a participação das partes aos benefícios econômicos recebidos pelo explorador da obra, o que reflete a afirmação de pertencer a ambas as partes do art. 36 da Lei nº 5.988/73.

Nesse sentir:

> *Produzida a obra intelectual em cumprimento a dever funcional ou contrato de trabalho, os direitos do autor, segundo o art. 36 da Lei 5.988/73, salvo convenção em contrário, pertencem a ambas as partes durante a vigência do ajuste. Não assim, todavia, após desatado o elo, pois a obrigação, não sendo perpétua nem transitória e relativa, não transcende o termo temporal de sua duração, seja qual for sua natureza. O contrato em questão não adjudica ao empregador os direitos personalíssimos, morais e patrimoniais, da autoria intelectual. A Lei exige forma especial para a cessão de tais direitos, e sua falta implica nulidade do negócio transmissivo, conforme o art. 145, III, do CC. (RT 626/54).*

4

A INTERPRETAÇÃO DO ARTIGO 13 DA LEI Nº 6.533/78

A Lei nº 6.533/78, em seu preâmbulo, fixa: "*Dispõe sobre a regulamentação das profissões de Artistas e de técnico em Espetáculos de Diversões, e dá outras providências.*"

A Lei nº 6.533/78 restringiu a cessão ao dispor no artigo 13: "*Não será permitida a cessão ou promessa de cessão de direitos autorais e conexos decorrentes da prestação de serviços profissionais.*" Em suma, os direitos autorais (os direitos de autor e os que lhe são conexos) não podem ser objeto de cessão, quando a criação decorrer de prestação de serviços profissionais, ou seja, da relação laboral.

Versa o *caput* do artigo 13 sobre direitos autorais; porém, na expressão *direitos autorais* estão inseridos os direitos de autor e os que lhe são conexos (art. 1º da Lei nº 9.610/98). Nos direitos autorais, temos como composição legal: o conteúdo dos direitos autorais, que são os direitos de autor e os que lhe são conexos, enquanto, na composição substancial, detectamos os direitos morais, (o artigo 27 da Lei nº 9.610/98, fixa textualmente o impedimento de cessão dos direitos morais); e os direitos patrimoniais (a pecuniária auferida com o uso da obra intelectual, que é paga previamente conforme dispõe o art. 29).

Os direitos de autor são os direitos que o autor tem sobre a obra que criou. Os direitos conexos são os direitos que têm os artistas intérpretes e executantes, o produtor fonográfico e as empresas de radiodifusão, sobre a representação ou execução de suas manifestações, derivada do uso autorizado de criação anterior. René Gouriou definiu os referidos direitos conexos: *"A categoria dos direitos conexos ao direito de autor é uma criação dos jurisconsultos modernos destinada a englobar o conjunto de prerrogativas ao exercício de certas atividades próximas da criação artística."*[15]

Sabedor que o artista, com sua criação, gera apenas direitos conexos, jamais direitos de autor, daí o uso da expressão *direitos autorais*, conforme referido no artigo 13 do citado na Lei nº 6.533/78, alcança os direitos de autor e os que lhe são conexos. Assim, mais do que proteger os artistas, posto que esses são titulares de direitos conexos, o dispositivo decorrente

---

[15] *"La catégorie des droits voisins du droit d'auteurs est une création des jurisconsultes modernes destinée à englober l'ensemble des prérogatives attachées à l'exercice de certaines activités proches de la création artistique."* (FERNANDES, Milton. Pressupostos do direito autoral de execução pública. Tese de docência de direito civil da UFMG. Belo Horizonte, 1967. Tradução livre. p. 66).

da lei que *"dá outras providências"* protege também os direitos que tem o autor, de maneira a impedir a cessão de direitos autorais decorrentes da prestação de serviços.[16]

Logo, temos que, quando a lei fala em direitos autorais, fala também em direitos de autor, repita-se, direitos que não são afetos aos artistas. A Lei nº 6.533/78 fala de direitos dos artistas, mas também dos direitos do autor, esse do criador em geral, tal como o escritor, o compositor ou o criador de programa de computador.

A Lei nº 9.610/98 não dispôs sobre a relação autoral resultante do vínculo empregatício; todavia, o artigo 115 da Lei nº 9.610/98 manteve em vigor a Lei nº 6.533/78, que fixou regras para a relação autoral resultante de vínculo empregatício.[17]

Contudo, não extraiu o direito de cessão do criador, apenas o restringiu quando o cessionário é o empregador. A esse respeito, destacamos trecho do voto do Min. Moreira Alves,

---

[16] "INDENIZAÇÃO – Danos Morais – Direito Autoral Omissão do nome de empresa dubladora dos créditos de obra cinematográfica – inadmissibilidade – Apelada que não é titular de direitos morais sobre dublagem – Incessibilidade destes dubladores, face sua condição de autores da obra derivada – óbice legal, ademais, à cessão de direitos autorais e conexos decorrentes da prestação de serviços profissionais – Inteligência do art. 13, parágrafo único, da Lei nº 6.533/78 – Indenização indevida – Recurso Provido." (TJSP – Apelação Cível nº 224.665-1 – São Paulo – relator Álvaro Lazzarini – CCIV1 – v.u. – 21/02/95).

[17] "É princípio de hermenêutica que, quando uma lei faz remissão a dispositivos de outra lei da mesma hierarquia, estes se incluem na compreensão daquela, passando a constituir parte integrante do seu conceito. (STJ – REsp 49272 / RS – RECURSO ESPECIAL 1994/0016322-3 – Min. Demócrito Reinaldo – J. 21/09/1994Pub. DJ 17/10/1994 p. 27868 – RT 720/289).

do Supremo Tribunal Federal, quando da Arguição de Inconstitucionalidade feita pelo Ministério Público Federal: "*Essa norma não retirou do titular do direito autoral ou do direito a ele conexo o direito exclusivo de utilizar-se dele. O que fez, apenas, foi estabelecer a proibição, em favor do próprio titular do direito, de cessão definitiva deste, em qualquer caso, ainda que o cessionário seja o patrão. Com isso, esse preceito deu efetiva proteção ao titular desses direitos, sabido como é que, nesses casos, o empregador, para celebrar o contrato de trabalho, poderia compelir o autor ou o artista a ceder, de antemão, os direitos patrimoniais sobre a obra ou a representação dramática, propiciando àquele reproduzi-la quantas vezes o quisesse, sem qualquer pagamento a estes.*" E conclui o seu voto: "*É a atuação do Estado a impedir que, pelo respeito à igualdade meramente jurídica que a autonomia da vontade estabelece, uma das partes contratantes perca a liberdade de contratar com quem deveria fazê-lo em prol de seus interesses, pelo poder econômico da outra, que se aproveita da necessidade que tem a primeira da celebração do contrato.*"

Eis a ementa da citada Representação (1.031/DF) julgada pelo Supremo Tribunal Federal:

> *"Direitos Autorais e Conexos de Artistas e Intérpretes. A proibição legal da respectiva cessão (art. 13 da Lei 6.533, de 1978) não é inconstitucional. Representação. Improcedente. (RP 1.031/DF, Rel. Min. Xavier de Albuquerque, j. 10/12/1980, publ. 22/05/81)."*

Vale ressaltar que o Tribunal de Justiça do Estado de São Paulo pode julgar processo com a cessão cumulada com prestação de serviços anterior à Lei nº 6.533/78:

> *"DIREITO AUTORAL – Indenização – Artistas de 'dublagem' em película de cinema – Cessão expressa da totalidade dos direitos patrimoniais emergentes da utilização da obra – Hipótese anterior à vigência da Lei nº 6.533/78 – Não abrangência, contudo, dos direitos morais, inalienáveis e irrenunciáveis – Indenização devida sob esse ângulo ante a não indicação do nome ou pseudônimo dos autores da obra – Sujeição às sanções previstas no artigo 126 da Lei nº 5.988/73 – Valor a ser apurado em liquidação por arbitramento – Recurso dos autores parcialmente provido – Recurso da ré prejudicado." (Apelação Cível nº 265.491-1 – São Paulo – 2ª Câmara de Férias "B" de Direito Privado – Relator: Vasconcellos Pereira – 22/10/96 – V.U.)*

Analisando o impedimento da cessão durante a relação laboral, decidiu o Tribunal de Justiça de São Paulo:

> *"INDENIZAÇÃO – Danos Morais – Direito Autoral – Omissão do nome de empresa dubladora dos créditos de obra cinematográfica – inadmissibilidade – Apelada que não é titular de direitos morais sobre dublagem – Incessibilidade destes dubladores, face sua condição de autores da obra derivada – óbice legal, ademais, à cessão de direitos autorais e conexos decorrentes da prestação de serviços profissionais – Inteligência do art. 13, parágrafo único, da Lei 6.533/78 – Indenização indevida – Recurso Provido." (Apelação Cível no 224.665-1 – São Paulo – relator Álvaro Lazzarini – CCIV1 – v.u. – 21/02/95).*
>
> *Direito autoral – Dublagem – Série "24 horas" – Voz brasileira do personagem principal – Veiculação e distribuição em dvd's e em televisão aberta sem autorização expressa do autor – Violação ao seu direito caracterizada – Dano material e moral – Valores bem fixados, dentro*

dos critérios de razoabilidade e proporcionalidade – Recursos improvidos. (TJSP; Apelação Com Revisão 9169913-80.2007.8.26.0000; Relator(a): Beretta da Silveira; Órgão Julgador: 3ª Câmara de Direito Privado; Foro Central Cível – 32. VARA CÍVEL; Data do Julgamento: 08/04/2008; Data de Registro: 14/04/2008).

Com uma certa imprecisão, também acordou o Tribunal de Justiça do Rio de Janeiro:

> *"Direitos autorais e conexos. Seriados exibidos em televisão. Nas obras coletivas, os direitos autorais cabem às empresas que as organizam. Ao artista, que participa de obras coletivas, cabe remuneração não só pelo seu trabalho como também por cada exibição da obra. É proibida a cessão ou promessa de cessão de direitos autorais ou conexos decorrentes dos serviços profissionais do artista. Nada impede que a remuneração do trabalho seja paga cumulativamente com a decorrente da primeira exibição." (Apelação Cível nº 37.620 – Rio de Janeiro – relator: Graccho Aurélio – CC:7a – v.u. – 19/12/85).*

Assim a autoria da obra intelectual produzida em regime laboral (obra encomendada). Dúvida poderia pairar sobre a obra organizada por iniciativa de pessoa jurídica (obra coletiva), que a ela caberá a titularidade da obra (art. 17, § 2º da Lei nº 9.610/98), entretanto a doutrina e o legislador deixam palmar qualquer interpretação diversa, a autoria caberá àqueles que contribuírem com sua criação para uma obra maior. Tal como a obra audiovisual, que tem uma natureza jurídica híbrida, pela dupla característica de obra em coautoria e obra coletiva ao mesmo tempo, posto que na obra em coautoria, quando se pode dissociar, cada coautor exerce a titularidade de seus direitos patrimoniais. Já na obra coletiva, não tem como dissociar a contribuição criativa individual para sua criação.

5

OS REFLEXOS DA INCESSIBILIDADE DOS DIREITOS AUTORAIS NO ORDENAMENTO JURÍDICO DO REFERENDUM PELO ARTIGO 115 DA LEI Nº 9.610/98

A referida Lei nº 6.533/78 é referendada pelo artigo 115 da Lei nº 9.610/98, que dispõe:

> *"Art. 115 – Ficam revogados os arts. 649 a 673 e 1.346 a 1.362 do Código Civil e as Leis nºs 4.944, de 6 de abril de 1966; 5.988, de 14 de dezembro de 1973, excetuando-se o art. 17 e seus § 1º e 2º; 6.800, de 25 de junho de 1980; 7.123, de 12 de setembro de 1983; 9.045, de 18 de maio de 1995, e demais disposições em contrário,* ***mantidas em vigor as Leis nº 6.533, de 24 de maio de 1978****, e 6.615, de 16 de dezembro de 1978.*

Isso implica em afirmar que a Lei nº 6.533/78 continua em vigor, valendo todas as disposições de conteúdo, inclusive o teor do artigo 13, que impede a cessão ou promessa de cessão de direitos autorais decorrentes da prestação de serviços. Esse dispositivo, ao expressar *"direitos autorais"*, alcança todos os autores e titulares de direitos autorais decorrentes das mais diversas manifestações intelectuais protegidas pela legislação autoral.

Quanto a essa questão, destacamos o norteamento hermenêutico do acórdão do Superior Tribunal de Justiça:

> *"É princípio de hermenêutica que, quando uma lei faz remissão a dispositivos de outra lei da mesma hierarquia, estes se incluem na compreensão daquela, passando a constituir parte integrante do seu conceito. (STJ – REsp 49272 / RS – RECURSO ESPECIAL 1994/0016322-3 – Min. Demócrito Reinaldo –* J. *21/09/1994, Pub.* DJ *17/10/1994, p. 27868 – RT 720/289).*

Com esse valor de hermenêutica, tem-se a imigração dos valores da Lei nº 6.533/78 para a Lei nº 9.610/98 e para a 9.609/98, com as ressalvas legais dadas pela interpretação dos conflitos e as soluções dada pelo artigo 2º, § 1º e 2º da L.I.N.D.B. (Lei nº 12.376/2010).

Contudo, destaco que o Projeto de Lei (P.L. 249/89 – 5.430/1990 na Câmara dos Deputados) que originou a Lei nº 9.610/98, enunciava, em seus arts. 37 e 38, uma outorga de direitos autorais ao tomador de serviços (patrão) em detrimento do empregado/criador.

Eis o citado dispositivo do Projeto de Lei:

Art. 37. Na obra literária, artística ou científica, produzida por encomenda, os direitos patrimoniais de autor, ***salvo convenção em contrário, pertencerão ao comitente****, exclusivamente para as finalidades pactuadas ou, na omissão do contrato, para as finalidades que constituam o objeto de suas atividades.*

§ 1º. Conservará o autor seus direitos patrimoniais com relação às demais modalidades de utilização da obra, desde que não acarretem prejuízo para o comitente na exploração da obra encomendada.

§ 2º. O autor recobrará a totalidade de seus direitos patrimoniais, não sendo obrigado a restituir as quantias recebidas, em adiantamento, sempre que sua retribuição for condicionada ao êxito da exploração econômica da obra e esta não se iniciar dentro do prazo de um ano de sua entrega, salvo convenção em contrário

§ 3º. Nos demais casos, não existindo estipulação contratual, o autor recobrará a plenitude de seus direitos patrimoniais sobre a obra, se o comitente não a publicar no prazo de um ano da entrega, desde que restitua o que já recebeu, salvo convenção em contrário.

§ 4º. O autor terá direito de reunir, em suas obras completas, a obra encomendada, após um ano da entrega da encomenda, salvo convenção em contrário.

§ 5º. Não havendo termo fixado para a entrega da obra, entende-se que o autor pode entregá-la quando lhe convier; podendo o comitente fixar-lhe prazo razoável, consoante a natureza daquela, com a cominação de rescindir o contrato

Art. 38. ***Pelo contrato de produção audiovisual****, salvo convenção em contrário,* ***presumem-se transferidos ao produtor os direitos patrimoniais sobre obras audiovisuais****, ressalvado o disposto no art. 89.*

É fato que inúmeras obras intelectuais são protegidas pelas leis de direitos autorais, entre as quais algumas se encontram exemplificadas no artigo 7º da Lei nº 9.610/98:

> *Art. 7º São obras intelectuais protegidas as criações do espírito expressas por qualquer meio ou fixadas em qualquer suporte, tangível ou intangível, conhecido ou que se invente no futuro, tais como:*
>
> *I – os textos de obras literárias, artísticas ou científicas;*
>
> *II – as conferências, alocuções, sermões e outras obras da mesma natureza;*
>
> *III – as obras dramáticas e dramático-musicais;*
>
> *IV – as obras coreográficas e pantomímicas, cuja execução cênica se fixe por escrito ou por outra qualquer forma;*
>
> *V – as composições musicais, tenham, ou não, letra;*
>
> *VI – as obras audiovisuais, sonorizadas ou não, inclusive as cinematográficas;*
>
> *VII – as obras fotográficas e as produzidas por qualquer processo análogo ao da fotografia;*
>
> *VIII – as obras de desenho, pintura, gravura, escultura, litografia e arte cinética;*
>
> *IX – as ilustrações, cartas geográficas e outras obras da mesma natureza;*
>
> *X – os projetos, esboços e obras plásticas concernentes à geografia, engenharia, topografia, arquitetura, paisagismo, cenografia e ciência;*
>
> *XI – as adaptações, traduções e outras transformações de obras originais, apresentadas como criação intelectual nova;*

XII – os programas de computador.

XIII – as coletâneas ou compilações, antologias, enciclopédias, dicionários, bases de dados e outras obras, que, por sua seleção, organização ou disposição de seu conteúdo, constituam uma criação intelectual;

§ 1º Os programas de computador são objeto de legislação específica, observadas as disposições desta lei que lhes sejam aplicáveis.

§ 2º A proteção concedida no inciso XIII não abarca os dados ou materiais em si mesmos e se entende sem prejuízo de quaisquer direitos autorais que subsistam a respeito dos dados ou materiais contidos nas obras.

§ 3º No domínio das ciências, a proteção recairá sobre a forma literária ou artística, não abrangendo o seu conteúdo científico ou técnico, sem prejuízo dos direitos que protegem os demais campos da propriedade imaterial.

Pelas espécies de obras intelectuais existentes (obra literária, artística e científica), e a disposição legal do artigo 7º da Lei nº 9.610/98, concluímos que duas são as manifestações adotadas pela lei de direitos autorais: a obra literária e artística. A obra científica, pelo disposto no artigo 7º, § 3º retrocitado, é protegida pela espécie obra literária e artística, haja vista que a expressão de conteúdo científico é feita de forma escrita ou artística.

E outra constatação é que o *software* (programa de computador – inciso XII do art. 7º) é uma obra intelectual da espécie literária (art. 2º da Lei nº 9.609/98). Sobretudo, tendo em vista o disposto no artigo 10 do acordo de TRIPs, Decreto nº 1.355, de 30 de dezembro de 1994:

> *"Artigo 10: Programas de Computador e Compilações de Dados*
>
> *1. Programas de computador, em código fonte ou objeto, serão protegidos como obras literárias pela Convenção de Berna (1971).*
>
> *2. As compilações de dados ou de outro material, legíveis por máquina ou em outra forma, que em função da seleção ou da disposição de seu conteúdo constituam criações intelectuais, deverão ser protegidas como tal. Essa proteção, que não se estenderá aos dados ou ao material em si, se dará sem prejuízo de qualquer direito autoral subsistente nesses dados material."*

Assim, sendo o programa de computador uma obra literária, o seu autor terá a tutela autoral nos termos expostos na lei de direitos autorais (nº 9.610/98), ainda que lei anterior (nº 9.609/98) preveja alguns mínimos direitos sobre o programa de computador. Todavia, ressalta-se que o autor na proteção de seus direitos autorais pode reivindicar a norma mais favorável na defesa de seu direito. Cabe destacar, nesse sentido, o disposto na Convenção de Berna (Decreto nº 75.699/73), quanto à norma mais favorável:

> *"Artigo 19. As disposições da presente convenção não impedem que se reivindique a aplicação de disposições mais amplas que venham a ser promulgadas na legislação de qualquer país unionista."*

Por isso, ao autor de programa de computador é concedido, por Convenção Internacional, o exercício de optar pela norma mais favorável. No caso da proteção dos direitos autorais sobre sua criação, programa de computador, a norma mais benéfica para o autor é a que protege os direitos autorais sobre o programa de computador como obra literária, a Lei nº 9.609/98, que por consequência vincula a Lei nº 6.533/78.

De maneira que a Lei nº 6.533/78, ao impedir a cessão de direitos autorais decorrente da prestação de serviços, aplicará os direitos autorais sobre o programa de computador.

Pela estruturação dinâmica (hierarquização da lei: convenção e lei especial) desses valores, temos a seguinte incompatibilidade: o artigo 13 da Lei nº 6.533/78, que fixa o impedimento de cessão ou promessa de cessão de direitos autorais decorrentes da prestação de serviços profissionais, em simples leitura, demonstra estar conflitante com o enunciado do artigo 4º da Lei nº 9.609/98, que é menos benéfica ao autor do programa de computador

Destarte, prevalecendo o disposto no artigo 13 da Lei nº 6.533/78, o empregador do autor/criador do programa de computador não poderá ser detentor de direitos autorais sobre o programa de computador criado por prestação de serviços.

6

A OBRA EM COAUTORIA, DERIVADA E COLETIVA E A INTERPRETAÇÃO DO ARTIGO 13 DA LEI Nº 6.533/78

A obra em coautoria, seja derivada, ou a obra coletiva são criações que emanam do espírito humano (art. 10 da Lei nº 9.610/98),[18] entendido que as prerrogativas cabíveis na proteção ao direito de autor aplicam-se no que couber aos direitos conexos (art. 89 da Lei nº 9.610/98).[19]

---

[18] Art. 11. Autor é a pessoa física criadora de obra literária, artística ou científica.
Parágrafo único. A proteção concedida ao autor poderá aplicar-se às pessoas jurídicas nos casos previstos nesta Lei.

[19] Art. 89. As normas relativas aos direitos de autor aplicam-se, no que couber, aos direitos dos artistas intérpretes ou executantes, dos produtores fonográficos e das empresas de radiodifusão.

Contudo, o sujeito do princípio é o artista, que tem sua imagem e voz utilizadas em obra coletiva, como o ator e o intérprete.

Ao que Henry Jessen professou: "*A designação de intérprete só cabe ao artista que dê à execução o cunho de sua personalidade. Esta designação, a nosso ver, aplicar-se-á automaticamente ao autor. Também poderá intitular-se 'intérprete' o músico solista que execute a totalidade ou a maior parte da obra. Os demais, porém, que apenas atuam no acompanhamento, executando breves solos ou fazendo as harmônicas, entendemos que deveriam ser denominados 'acompanhantes'. É conveniente lembrar que o músico acompanhante limita sua ação à correta leitura de uma parte da orquestra que tem sob os olhos e à correspondente emissão dos sons nela representados. Sua atuação interpretativa é nula. Destarte, nas execuções exclusivamente orquestrais (...) entendemos que a designação de intérprete deverá ser dada ao regente que, pela sua direção, imprime à execução o cunho de sua personalidade.*"[20]

Devemos enfatizar o objeto indireto do princípio obras coletivas. Conforme definição da Lei nº 9.610/98 – artigo 5º, inciso VIII, letra *h*, são criações por iniciativa, organização e responsabilidade de uma pessoa física ou jurídica, que a publica sob seu nome ou marca, e que são constituídas pela participação de diferentes autores, cujas contribuições se fundem numa criação autônoma.

Parágrafo único. A proteção desta Lei aos direitos previstos neste artigo deixa intactas e não afeta as garantias asseguradas aos autores das obras literárias, artísticas ou científicas.

[20] Ob. cit., p. 151-152.

Obra coletiva.

"Art. 5º Para os efeitos desta lei, considera-se:

(...)

VIII – obra:

a) em coautoria – quando é criada em comum, por dois ou mais autores;

(...)

g) derivada – a que, constituindo criação intelectual nova, resulta da transformação de obra:

h) coletiva – a criação por iniciativa, organização e responsabilidade de uma pessoa física ou jurídica, que a publica sob seu nome ou marca e que é constituída pela participação de diferentes autores, cujas contribuições se fundem numa criação autônoma;"

Notoriamente, o legislador pátrio, parcialmente, absorveu a definição de obra coletiva da lei espanhola (Lei nº 22/1987) que assim a define:

> *"Se considera obra colectiva la creada por iniciativa y bajo la coordinación de una persona natural o juridica que la edita y divulga bajo su nombre y está constituida por la reunión de aportaciones de diferentes autores cuya contribuición personal se funde en una creación única y autónoma, para la cual haya sido concebida sin que sea posible atribuir separadamente a cualquiera de ellos un derecho sobre el conjunto de la obra realizada.*
>
> *Salvo pacto en contrario, los derechos sobre la colectiva corresponderán a la persona que edite y divulgue bajo su nombre."*

O que se observa é que, pela Constituição, há a previsão de proteção das participações individuais em obra coletiva, porém, a definição de obra coletiva está na lei infraconstitucional. É de ressaltar a distinção entre a obra coletiva e a obra em colaboração, apesar de não haver mais na Lei nº 9.610/98 a previsão de obra em colaboração. Na obra em colaboração, os criadores devem estar funcionalmente subordinados a uma pessoa, que coordena os trabalhos daquele grupo. O fato caracterizador da obra em colaboração é a subordinação. Na obra coletiva, não há a subordinação, mas a livre iniciativa de fusão das criações individuais, que pode ser coordenada por uma pessoa (ex.: obra audiovisual).

A previsão constitucional exclui os direitos autorais do organizador que a publique, cabendo aos participantes o exercício desse direito. Conclusivamente, no direito autoral brasileiro, pode-se atribuir ao criador, participante de obra coletiva, separadamente, os seus direitos autorais. Isso porque é assegurada a proteção às participações individuais de obra coletiva.

Por essa disposição constitucional, e tendo em conta a necessidade de harmonização das normas vigentes no ordenamento jurídico, tem-se a par e como exceção o disposto no artigo 17, § 2º da Lei nº 9.610/98, em que ao organizador da obra coletiva cabe o exercício dos direitos patrimoniais, respeitando-se os direitos sobre as participações individuais.

O artigo 17, § 2º da Lei nº 9.610/98 fixa o exercício dos direitos autorais patrimoniais ao organizador, seja pessoa jurídica ou natural.[21]

---

[21] *"Direitos autorais e conexos. Seriados exibidos em televisão. Nas obras coletivas, os direitos autorais cabem às empresas que as organizam. Ao artista, que*

O sistema jurídico vigente (art. 17, § 2º da Lei nº 9.610/98) contempla à pessoa jurídica o exercício dos direitos patrimoniais na qualidade de titular originário – e não autor da obra, quando decorrente de relação com a pessoa física, desde que a pessoa jurídica tenha sido a organizadora da obra, *in casu* obra coletiva. Diversamente da imprecisão do artigo 15 da Lei nº 5.988/73 – lei anterior à Lei nº 9.610/98; fato constatado pelo Desembargador do TJSP – Des. Costa Neto, que mereceu a ressalva, impugnatória: *"Essa imprecisão da Lei 5.988/73 (art.15) é corrigida pelo artigo 11 e seu parágrafo único da nova lei brasileira de direitos autorais (9610/98) que, além de dispor que o autor é pessoa física, estabelece que: 'a proteção concedida ao autor' (e não atribuição de autoria) 'poderá aplicar-se às pessoas jurídicas' nos casos previstos na lei. Adiante, a mesma lei no parágrafo segundo de seu art. 17 deixa claro que essa proteção extensiva às pessoas jurídicas – no caso o organizador da obra coletiva – limita-se 'à titularidade dos direitos patrimoniais', embora a nova lei faculte ao organizador publicar a obra coletiva 'sob seu nome ou marca' (letra 'h' do inciso VIII do artigo 5 da Lei 9.610/98), o que, de qualquer forma, não ilide a obrigação do organizador de mencionar 'em cada exemplar'... 'a relação de todos os participantes, em ordem alfabética, se outra não houver sido convencionada' (artigo 88, II, da Lei 9.610/98).*[22]

participa de obras coletivas, cabe remuneração não só pelo seu trabalho como também por cada exibição da obra. É proibida a cessão ou promessa de cessão de direitos autorais ou conexos decorrentes dos serviços profissionais do artista. Nada impede que a remuneração do trabalho seja pago cumulativamente com a decorrente da primeira exibição." (Apelação Cível nº 37.620 – Rio de Janeiro – relator Graccho Aurélio – CC:7a – v.u. – 19/12/85).

[22] Ob. cit., p. 63 – nota 21.

Por evidência legal, em razão do disposto no artigo 10 da Lei nº 9.610/98, que afirma ser autor a pessoa física. Logo, a pessoa jurídica não pode ser autora ou detentora de direitos morais. Diversamente, afirmou Plinio Cabral que, ao exemplificar a obra coletiva, como um dicionário ou uma enciclopédia: *"É também o caso em que a pessoa jurídica pode ser titular originária de direitos autorais."*,[23] ou seja, titular dos direitos patrimoniais e morais que compõem os direitos autorais sobre a criação intelectual, pois esses são os direitos autorais do titular originário.

Sobre a admissibilidade de a pessoa jurídica ser autora, comentou Henry Jessen: *"a pessoa jurídica não deveria gozar do direito originário, sendo cabível, tão somente, ser investida, por cessão, da titularidade dos direitos patrimoniais, em segunda mão, pois é reservado aos indivíduos que a geraram os direitos morais sobre a obra. No entanto, por ficção legal, é habitual reconhecer-se o Estado como autor de certos escritos tais como leis, tratados, sentenças judiciais e outros do gênero. Também adquirem a titularidade do direito originário certas entidades, acadêmicas principalmente, que publicam as chamadas 'obras coletivas', como dicionário, enciclopédias e outras, na elaboração das quais todos seus membros, indiscriminadamente, contribuem".* [24]

Na análise das caraterísticas da obra em coautoria, encontramos a obra em coautoria divisível e indivisível. A obra em coautoria indivisível não equivale a uma obra maior, mas a uma obra única, na qual as contribuições não existem sem

---

[23] *A nova lei de direitos autorais*. Porto Alegre: Sagra Luzzatto, 1998. p. 41.

[24] RIDI. v. I, nº 2, RT, p. 86.

as demais. A lei sugere que a obra em coautoria indivisível caracteriza-se pela dependência das contribuições individuais entre si que se fundem numa criação autônoma (ex.: a atuação de atores em uma obra audiovisual, programa de computador criado por contribuições individuais de diversos autores etc.)

Em limite tênue, está o conceito da obra em coautoria indivisível e a obra coletiva, posto que, em comum, as duas são criadas por diversos autores, com contribuições individuais, e resultam numa nova criação autônoma, além de, como orientou Manoel Joaquim Pereira dos Santos, preencherem a condição básica: *"que a atividade de que resulta a criação do conjunto distinga-se da atividade de que resulta cada obra individualmente considerada. (...) a proteção conferida à obra coletiva não se estende automaticamente a cada obra, quando desvinculada do conjunto, embora tal proteção deva abranger todos os elementos e partes da obra coletiva, em função do papel desempenhado no conjunto"*.[25]

A diferença não está na filosofia de objetivo para a criação da obra coletiva, nem na contribuição individual que consista em criação intelectual tutelada pela lei de direito autoral. Está na iniciativa organizacional e na determinação da responsabilidade pela coletividade, que é característica da obra coletiva.

Após tais valores, passamos a analisar a relação laboral entre o empregador (pessoa jurídica ou física) e o empregado (criador intelectual), referente aos direitos autorais, para determinar a autoria.

---

[25] O direito de autor na obra jornalística gráfica. São Paulo: RT, 1981. p. 56.

Carlos Alberto Bittar, citando Piola Caselli, escreveu: *"eliminati le due ipotesi dell'opera complessiva e dell'opera circa la quale il committente si ingerisca nella creazione intellettuale"*. Aquele que encomenda trabalho de outro sem tomar parte alguma na criação da obra não pode ser considerado como autor, acrescentando que: *"nè la legge, nè la ragione della legge ci autorizzano ad attribuire la qualità di soggeto originario del diritto a chi no è autore, cioè creatore dell'opera"*.[26]

Durante a vigência do Código Civil de 1916, a relação laboral para criação de obra intelectual já era objeto de reflexão. A matéria foi apreciada pelo Superior Tribunal de Justiça, sobre a exegese da parte do Código Civil, relativa à propriedade literária, artística e científica.

> *DIREITO CIVIL – DIREITO AUTORAL – FOTOGRAFIA – PUBLICAÇÃO SEM AUTORIZAÇÃO – IMPOSSIBILIDADE – OBRA CRIADA NA CONSTÂNCIA DO CONTRATO DE TRABALHO – DIREITO DE CESSÃO EXCLUSIVO DO AUTOR – APLICAÇÃO DO HOJE REVOGADO ART. 649, CC – DANO MORAL – VIOLAÇÃO DO DIREITO – PARCELA DEVIDA – DANO MATERIAL – PREJUÍZO CARACTERIZADO – APURAÇÃO – LIQUIDAÇÃO POR ARBITRAMENTO – RECURSO ACOLHIDO.*
>
> *I – A fotografia, na qual presentes técnica e inspiração, e por vezes oportunidade, tem natureza jurídica de obra intelectual, por demandar atividade típica de criação,*

---

[26] Direito de autor na obra feita sob encomenda. São Paulo: RT, 1977. p. 80.

uma vez que o autor cumpre escolher o ângulo correto, o melhor filme, a lente apropriada, a posição da luz, a melhor localização, a composição da imagem etc.

II – Em se tratando de discussão que envolve contrato de trabalho entre as partes – verificação se a obra foi cedida ao empregador somente pela existência do emprego –, não há como deixar de aplicar a norma vigente ao tempo da celebração desse ajuste, sob pena de violação do ato jurídico perfeito. As partes, ao tratar da negociação do vínculo empregatício, tinham ciência das regras que regulavam a matéria à época, pelo que seria defeso alterar-se a situação atinente aos direitos e deveres de cada uma.

III – A propriedade exclusiva da obra artística a que se refere o revogado art. 649 do Código Civil impede a cessão não expressa dos direitos do autor advinhada pela simples existência do contrato de trabalho, havendo necessidade, assim, de autorização explícita por parte do criador da obra.

IV – O dano moral, tido como lesão à personalidade, à honra da pessoa, mostra-se às vezes de difícil constatação, por atingir os seus reflexos parte muito íntima do indivíduo – o seu interior. Foi visando, então, a uma ampla reparação que o sistema jurídico chegou à conclusão de não se cogitar da prova do prejuízo para demonstrar a violação do moral humano.

V – Evidenciado, outrossim, o dano material, representado pela remuneração não percebida pelo artista que teve sua obra veiculada, sem autorização, em periódico comercializado.

VI – Ausentes elementos concretos que permitam, desde logo, a definição do montante dos danos patrimoniais, fica relegada sua apuração para a liquidação de sentença por arbitramento, nos termos do art. 1.553 do Código Civil.

Decisão: vistos, relatados e discutidos estes autos, prosseguindo no julgamento, acordam os Ministros da Quarta Turma do Superior Tribunal de Justiça, na conformidade dos votos e das notas taquigráficas a seguir, por unanimidade, conhecer de ambos os recursos e lhes dar provimento. Votaram com o Relator os Ministros Barros Monteiro, César Asfor Rocha, Ruy Rosado de Aguiar e Aldir Passarinho Júnior. (RESP 121757/RJ – Rel. Min. Sálvio de Figueiredo Teixeira – 4ª Turma – *j.* 26/10/1999, *publ.* 08/03/2000).

Durante a vigência da antiga Lei de direitos autorais nº 5.988/73, o artigo 36 fixava que os direitos de autor sobre a criação resultante da relação laboral, salvo convenção em contrário, pertenceriam a ambas as partes. Daí, os direitos patrimoniais pertenceriam a ambas as partes, desde que utilizado em nome de ambos, cabendo a autoria ao criador, em contraponto ao artigo 15 do referido diploma, já revogado.

José Oliveira Ascensão nominou a obra resultante dessa relação laboral de coautoria irregular, em razão da obra criada em cumprimento de contrato de trabalho, prestação de serviço ou dever funcional, no qual o empregador é coautor com o empregado.

Nessa diretriz, decidiu o Tribunal de Justiça de São Paulo:

Responsabilidade Civil. Direitos de autor. Obra fotográfica produzida, por encomenda, para inserção em campanha publicitária. Indenização por danos patrimoniais e morais. Cotitularidade da pessoa jurídica produtora e da empresa encomendante. Arts. 15 e 36, da Lei nº 5.988/73. Procedência parcial, afastado o pedido de condenação por danos morais. Sentença confirmada, salvo quanto ao valor indenizatório, que, triplicado sem razão jurídica, merece redução. Apelação da ré provida em parte, improvida a da autora. (TJSP; Apelação Com Revisão 9026822-15.1996.8.26.0000; Relator(a): José Roberto Bedran; Órgão Julgador: 2ª Câmara de Direito Privado; Foro Central Cível – 29. VARA CÍVEL; Data do Julgamento: N/A; Data de Registro: 22/05/1998).

Contrato de Trabalho – Produção de obra intelectual – Propriedade pertencente a ambas as partes durante sua vigência – Obrigação transitória e relativa, não transcendendo o termo de sua duração – Utilização indevida pelo empregador após a cessação do vínculo laboral – Hipótese em que este não adjudica ao empregador direitos personalíssimos, morais e patrimoniais da autoria intelectual – Cessão que, ademais, exigiria forma especial – Inteligência e aplicação do art. 36, c/c os arts. 28, 42 e 52 e ss, da Lei nº 5.988/73. (TJSP) RT 626/54.

O Superior Tribunal de Justiça acordou em fato ocorrido sobre a vigência da referida lei (5.988/73):

Embargos de Declaração – Dúvida existente – Acolhimento Parcial – Fundação – Direito Autoral – Copropriedade do empregado com o empregador – Obra produzida durante a relação de trabalho e por diversas pessoas – Copropriedade – relação laboral extinta – Inexistência de Convenção – Copropriedade reconhecida – A obra produzida em cumprimento a dever funcional ou durante a vigência da relação de trabalho pertence, em copropriedade, ao empregado e ao empregador, persistindo mesmo após a extinção da relação laboral, sendo vários os autores da obra, todos serão delas coproprietários. Embargos parcialmente acolhidos. (EDERESP 7757/SP – Fonte DJ *11/09/1995 – Rel. Min. César Asfor Rocha – Julg. 07/06/1995 – Primeira Turma – Decisão Unânime).*

Decerto que a aplicação do disposto no art. 13 da Lei nº 6.533/78 tem um intuito de resguardo econômico ao criador que participou da criação da obra indivisível, quer coletiva, quer em coautoria, tal e qual aconteceu no passado com o direito de sequência (*droit de suit*), sendo uma forma de reestabelecer o equilíbrio entre a situação econômica do artista de belas artes e os titulares de direitos que se beneficiam com a exploração sucessiva sobre a obra daquele artista.

O que se compreende e se admite em razão do alto valor auferido com a negociação da obra, em relação ao valor anteriormente negociado, especialmente após a morte do autor, sobretudo quando o autor morre em condição de miserabilidade e deixa herdeiros.

Este direito tem seu marco inicial na mobilização social, influenciada pelo artigo do jurista Albert Vaunois, publicado no Chroniqué de Paris, em 1893, em que tratava do *Droit de Suite.*

Antes, porém, da manifestação do jurista pela imprensa, diversos fatos ocorreram a sensibilizar a opinião pública. Um dos primeiros casos documentados que causaram um clamor popular foi a venda da efígie de "Duval", de l'Epinoy, em 1903, por 5.210 francos e revendida 9 anos mais tarde por 660.000 francos. Entre os demais casos, o que fora fundamental para o nascimento do direito de sequência – *droit de suite* foi testemunhado pelo pintor francês Forain, que, comparecendo a um leilão de quadros em Paris, encontrou a filha de Millet, maltrapilha, vendendo flores, enquanto na casa à frente a tela de seu pai: L'Angélus, era arrematada por milhares de francos.[27] L'Angélus foi vendida por seu autor, Millet, por 1.200 francos, depois fora revendida por 700.00 francos à Secretam, que o negociou por 550.000 francos com a Fine Art Association, e por fim, fora revendida por um milhão de francos para Chauchard.

A finalidade do teor do art. 13 da Lei no 6.533/78 é assegurar ao criador, cuja criação veio a compor a obra intelectual, ter o conhecimento de valoração da sua obra, e por vezes, também o usuário.

Haja vista que o autor tem a prerrogativas de defender os seus direitos, contra quem faça uso da obra intelectual sem sua autorização em violação de direitos autorais, sobretudo se a obra for em co-autoria, conforme disposto no art. 32, §3 da Lei no 9.610/98.

---

27 Telles Neto, ob. cit., p. 90.

7

OS REFLEXOS DA INCESSIBILIDADE DOS DIREITOS AUTORAIS SOBRE A OBRA CRIADA EM PRESTAÇÃO DE SERVIÇOS

Ao ter que o contrato de prestação de serviços pode conter disposições de cessão de direitos autorais sobre a obra criada na constância da prestação de serviços, passamos a ponderar sobre os efeitos desse negócio jurídico.

Em determinação legal de caráter geral, fixa o artigo 2.035, parágrafo único do Código Civil:

> *"Art. 2.035. A validade dos negócios e demais atos jurídicos, constituídos antes da entrada em vigor deste Código, obedece ao disposto nas leis anteriores, referidas no*

> *art. 2.045, mas os seus efeitos, produzidos após a vigência deste Código, aos preceitos dele se subordinam, salvo se houver sido prevista pelas partes determinada forma de execução.*
>
> *Parágrafo único.* ***Nenhuma convenção prevalecerá se contrariar preceitos de ordem pública, tais*** *como os estabelecidos por este Código para assegurar a função social da propriedade e dos contratos.*

O negócio jurídico torna-se ineficaz quando ofender preceitos de ordem pública, ou seja, princípios fundamentais ditados pelo ordenamento jurídico, em que o Estado e a Sociedade têm interesses que prevaleçam sobre as convenções privadas. Assim, a ordem pública é dada pelos princípios fixados pela lei.

Se um contrato versar sobre prestação de serviços com disposição de cessão de direitos autorais, tendo em vista o teor do artigo 13 da Lei nº 6.533/78, terá sua ineficácia patente com efeito a nulidade.

Diz Carlos Alberto da Mota Pinto que *"A ineficácia em sentido amplo tem lugar sempre que um negócio não produz, por impedimento decorrente do ordenamento jurídico, no todo ou em parte, os efeitos que tenderia a produzir, segundo o teor das declarações respectivas"*.[28]

Por seu turno, Giuseppe Stolfi afirma: *"È nullo il negozio che manchi un requisito essenziale, oppure contrasti com*

[28] PINTO, Carlos Alberto da Mota. Cessão da posição contratual. Coimbra: Almedina, 2003. *In: Teoria geral do direito civil.* 3. ed. Coimbra: Coimbra Editora, 1999. p. 605.

l'ordine pubblico o il buon costume ovvero infranga uma norma imperatica".[29] E o caracteriza: *"Il negozio nullo – che qualcuno paragona al nato morto – non produce effeto nè favorevole né danoso agli interessati: secondo la massima tradizionale, 'quod nullun est nullum producit effectum'.*[30]

Contudo, dispõe o Código Civil, em seu artigo 166, VI, artigo 169 e artigo 184:

> *"Art. 166. É nulo o negócio jurídico quando: (...)*
>
> *VI – tiver por objetivo fraudar lei imperativa;*
>
> *Art. 169. O negócio jurídico nulo não é suscetível de confirmação, nem convalesce pelo decurso do tempo.*
>
> *Art. 184. Respeitada a intenção das partes, a invalidade de um negócio jurídico não o prejudicará na parte válida, se esta for separável; a invalidade da obrigação principal implica a das obrigações acessórias, mas a destas não induz a da obrigação principal."*

Que não se alegue que o negócio jurídico deve ser interpretação consoante a intenção das partes ao invés da literalidade (art. 112 do CC), pois o artigo 4º da Lei nº 9.610/98, que regula os direitos autorais, fixa que "*interpretam restritivamente os negócios jurídicos sobre direitos autorais*". Logo, sobre o teor do artigo 2º, § 2º da L.I.N.D.B. (Lei nº 12.376/2010), prevalece a norma especial a par da regra geral.

---

[29] STOLFI, Giuseppe. *Teoria del negozio giuridico*. Padova: Cedam, 1947. p. 61.

[30] Ob. cit., p. 63-64.

Vale citar os precedentes:

> *EMBARGOS DECLARATÓRIOS – DIREITOS AUTORAIS – INEXISTÊNCIA DE OMISSÃO.*
>
> *I – EM CONSONÂNCIA COM A DOUTRINA ESTÁ O ACÓRDÃO EMBARGADO QUANDO, EM SUAS RAZÕES, ENTENDE QUE A "MERA RECEPÇÃO" SÓ OBRIGA A NOVO PAGAMENTO DOS DIREITOS AUTORAIS SE SE TRATA DE ESPETÁCULO COM ENTRADAS PAGAS, EM QUE O OBJETO SEJA ESSA PRÓPRIA EMISSÃO DE RADIODIFUSÃO. CORRETA A EXEGESE DO ART. 73 E SEU PAR. ÚNICO DA LEI 5.988/73 QUE A TURMA, POR MAIORIA, PERFILHOU, POIS REFLETE O MESMO PRINCÍPIO ADOTADO PELO BRASIL E CONSTANTE DO ART. 11 BIS PAR. 1. DA CONVENÇÃO DE BERNA.*
>
> *II – A DISTINÇÃO FEITA ENTRE TRANSMISSÃO E RECEPÇÃO DECORRE DA PRÓPRIA LEI DE DIREITO AUTORAL, QUE NO SEU ART. 3 IMPÕE* ***INTERPRETAR-SE RESTRITIVAMENTE OS NEGÓCIOS JURÍDICOS SOBRE DIREITOS AUTORAIS*** *E NÃO AMPLIATIVAMENTE, COMO PRETENDE O EMBARGANTE.*
>
> *III – INEXISTINDO OMISSÃO A SANEAR, REJEITAM-SE OS EMBARGOS.*
>
> *STJ – EDRESP 983/RJ; EMBARGOS DE DECLARAÇÃO NO RECURSO ESPECIAL (89/0010546-9) Fonte DJ DATA: 16/04/1990 PG:02874, Relator Ministro WALDEMAR ZVEITER – Data da Decisão: 27/03/1990 Órgão Julgador: T3 – TERCEIRA TURMA. Decisão POR UNANIMIDADE, REJEITAR OS EMBARGOS DE DECLARAÇÃO.*
>
> *INDENIZAÇÃO. VIOLAÇÃO DE DIREITOS AUTORAIS DE FOTOGRAFIA. DANOS MORAIS E*

PATRIMONIAIS. REPRODUÇÃO NÃO AUTORIZADA E MODIFICADA DE FOTO EM CAPA DE LIVRO. AUSÊNCIA DE INDICAÇÃO DE AUTORIA. VALOR DA VERBA INDENIZATÓRIA.

1. Os direitos autorais sobre obra fotográfica, considerados bens móveis para os efeitos legais, são objeto de proteção na Lei nº 9.610/98, com reflexos patrimoniais e também morais, sendo estes inalienáveis e irrenunciáveis, ***devendo ser os respectivos negócios jurídicos interpretados restritivamente****.*

2. Uma vez demonstrada a autoria da obra fotográfica, que foi utilizada em capa de livro e modificada sem a prévia autorização do autor, impõe-se o dever de indenizar, não somente os danos materiais, mas especialmente os danos morais, que são os que melhor se moldam à finalidade de coibir, educativa e profilaticamente, a contrafação de obras intelectuais protegidas.

3. O arbitramento do dano imaterial não deve apenas levar em consideração o valor de mercado da obra, posto que, se assim fosse, estaríamos diante apenas do uso forçado do produto da criação do espírito mediante remuneração compulsória arbitrada judicialmente. Por isso, deve-se considerar a projeção do autor no nicho mercadológico que ocupa, assim como a utilização, em maior ou menor destaque, da obra, sua divulgação e repercussão.

4. Isto resulta que a verba indenizatória foi, no caso dos autos, corretamente arbitrada, em conformidade com as peculiaridades do caso vertente e atendendo aos parâmetros legais e jurisprudenciais.

5. Desprovimento de ambos os recursos.

TJRJ – 2007.001.51099 – APELAÇÃO CÍVEL – 1ª Ementa DES. ELTON LEME – Julgamento: 28/11/2007 – DÉCIMA SÉTIMA CÂMARA CÍVEL.

> *OBRA CINEMATOGRÁFICA – DIREITO AUTORAL E DIREITO DE IMAGEM*
>
> *Acerto da sentença que entendeu como não autorizada a exploração, em videocassetes, de película cinematográfica, quando, à época do contrato com a artista, era incomum a reprodução através de tal instrumento e o pacto só previa seu uso em cinema, admitindo reproduções fotográficas ou cinematográficas em televisões, jornais, revistas ou semelhantes com a finalidade exclusiva de angariar publicidade para o filme –* ***As diversas formas de utilização da obra intelectual são independentes entre si, e os negócios referentes a elas devem ser interpretados restritivamente****. (TJ/RJ – Rel. Des. Thiago Ribas Filho – 2 Câm. Cível – A.C. nº 3.819/91 – unânime) (p. 35 – ADCOAS – Direito Autoral – Rio – 1993).*

Logo é nula a cláusula que dispõe sobre a cessão de direitos autorais cumulada com a prestação de serviços.

Nesse sentir:

O Poder Judiciário pode, nos casos em que prima facie é identificado um compromisso arbitral "patológico", i.e., claramente ilegal, declarar a nulidade dessa cláusula, independentemente do estado em que se encontre o procedimento arbitral.

> *(REsp 1602076/SP, Rel. Ministra NANCY ANDRIGHI, TERCEIRA TURMA, julgado em 15/09/2016, DJe 30/09/2016)*

A REMUNERAÇÃO DEVIDA PELA REEXIBIÇÕES

A determinação do parágrafo único do artigo 13 da Lei nº 6.533/73 fixa:

Parágrafo único – Os direitos autorais e conexos dos profissionais serão devidos em decorrência de cada exibição da obra.

O intuito do legislador em assegurar o equilíbrio do ganho econômico e sua distribuição entre as partes é pacífico no citado dispositivo.

Contudo, o texto legal versa sobre a reexibição, que diverge do gênero reutilização, que penso ser o gênero que tem como espécie a reexibição em razão do uso do mesmo formato.

> *DIREITOS CONEXOS – Dublagem – Reexibições sem os créditos e a devida remuneração – O dublador realiza atividade criativa para que haja perfeita sincronia entre o texto original e aquele então traduzido, exprimindo as mesmas emoções, entonações e interjeições de maneira a valorizar a obra original, o que justifica a proteção de sua atuação – Direitos conexos do dublador devidos em decorrência de cada exibição da obra – A autorização para exploração econômica da obra não importa em renúncia tácita ao recebimento das importâncias devidas por cada uma das reexibições, ainda que na mesma modalidade de reprodução, com o que não se confunde, a não ser que haja expressa disposição de renúncia ao direito de reprodução da voz, direito renunciável, diverso do direito da personalidade, o que não se presume, sob pena de enriquecimento indevido do explorador da obra, que lucra com isso – Danos materiais e moral caracterizados – Valor do dano moral mantido – Indenização material restrita à primeira temporada que foi exibida – Futuras reexibições com a dublagem do autor que devem ser a ele previamente comunicadas para que possa negociar ou cobrar a importância que lhe for devida, ainda que não dependam de sua autorização, uma vez*

que a exploração econômica da obra coletiva audiovisual compete ao produtor, devendo, também, constar dos créditos como dublador do personagem Jack Buer, sob pena de multa única de R$ 20.000,00, a primeira hipótese, e de R$ 10.000,00 por exibição sem os devidos créditos – Prejudicada a divulgação do nome do autor com destaque como autor da dublagem do referido personagem, pela não veiculação atual do seriado – Recursos providos em parte. (TJSP; Apelação Cível 0197034-57.2012.8.26.0100; Relator(a): Alcides Leopoldo; Órgão Julgador: 1a Câmara de Direito Privado; Foro Central Cível – 45a Vara Cível; Data do Julgamento: 05/07/2016; Data de Registro: 05/07/2016).

A reutilização como a reexebição gera para o autor, quando titular de direitos autorais, os *royalties*[31] pela reexibição.

---

[31] DECRETO Nº 9.580, DE 22 DE NOVEMBRO DE 2018 –
Art. 44. São tributáveis os rendimentos decorrentes de uso, fruição ou exploração de direitos, tais como (Lei nº 4.506, de 1964, art. 22; Lei nº 5.172, de 1966 – Código Tributário Nacional, art. 43, § 1º; e Lei nº 7.713, de 1988, art. 3º, § 4º): (...)
IV – autorais, exceto quando percebidos pelo autor ou pelo criador do bem ou da obra.
Parágrafo único. Serão também considerados **royalties** os juros de mora e quaisquer outras compensações pelo atraso no seu pagamento, inclusive a atualização monetária (Lei nº 4.506, de 1964, art. 22, parágrafo único; Lei nº 5.172, de 1966 – Código Tributário Nacional, art. 43, § 1º; e Lei nº 7.713, de 1988, art. 3º, § 4º).
Art. 45. Serão também consideradas como aluguéis ou **royalties** todas as espécies de rendimentos percebidos pela ocupação, pelo uso, pela fruição ou pela exploração de bens e direitos, além daqueles a que se referem os art. 41 e art. 44, tais como (Lei nº 4.506, de 1964, art. 23; Lei nº 5.172, de 1966 – Código Tributário Nacional, art. 43, § 1º; e Lei nº 7.713, de 1988, art. 3º, § 4º) (...)

DA INDEPENDÊNCIA DA MODALIDADE DE UTILIZAÇÃO

Uma nota é necessária quando as formas de utilização são independentes entre si e a cessão sobre um tipo de uso não se estende a todos os demais.

> *"Art. 31. As diversas modalidades de utilização de obras literárias, artísticas ou científicas ou de fonogramas são independentes entre si, e a autorização concedida pelo autor, ou pelo produtor, respectivamente, não se estende a quaisquer das demais."*

Assim, ainda que assegurada a coparticipação ao criador nos lucros auferidos com a obra pela sua reexibição, a exploração da obra em outros formatos da criação autônoma é uma faculdade exclusiva do criador.

Vejamos,

A exteriorização de uma criação intelectual em uma determinada forma define o autor, é a naturcza da obra.

O referido princípio consiste na independência dos direitos de utilização, quanto à natureza da obra, prerrogativa que tem o autor em delimitar as formas de utilização da sua obra intelectual. O autor ou titular de direitos exerce com exclusividade o exercício do direito de permitir o uso de sua obra, em outras formas, de outras naturezas, quer quanto à forma interna (incorpórea), quer quanto à forma externa (corpórea). Usos que implicam em transformação, modificação, enfim, a adaptação. Exemplificaram os doutrinadores argentinos Mouchet e Radaelli: "*el poema se publica mediante su lectura o recitado en público, su impresión en un libro, revista o diário, su grabación en disco, etc.; la obra teatral se publica mediante su representación pública, su impresión en libro o revista, su transmisión radial, etc.; la obra cinematográfica, mediante su proyección pública, etc. Cada uno de los hechos mencionados constituye una forma de publicación diferente*".[32]

Valor que resulta da assimilação pelo legislador do avanço tecnológico que permitiu a diversificação da utilização da obra, e sobretudo da doutrina pluralista, que por coerência entende serem os direitos autorais um direito de vários direitos, ou um direito multifacetário.

Na Lei nº 1.898 não se pensava na diversificação das formas de reprodução, pois apenas se conhecia a impressão. No Código Civil, apesar de, em 1917, já se conhecer o cinema e o fonograma, o legislador outorgou a prerrogativa de decisão sobre as diversas formas de utilização da obra ao reprodutor, que, tendo recebido a autorização de reprodução para uma das formas existentes, esta se estenderia às demais; ainda que fosse ele apenas um editor literário, tal autorização se estenderia ao uso fonográfico, ou cinematográfico. Na Lei nº 5.988/73, o princípio materializou-se de forma clara, mesmo porque eram evidentes as diversas formas de utilização. Sobretudo, demonstrou ser uma lei que procurava mais equilibrar as relações nas quais participava o autor, a tal ponto de obrigar a numeração de exemplares reproduzidos (art. 64). Na Lei nº 9.610/98, o princípio ficou ainda mais evidente por textualmente dizer que autorização não se estende às demais formas de utilização.

---

[32] *Derechos intelectuales*. Buenos Aiers: Guilhermo Kraft, 1948. v. II. p. 75.

No XIX Congresso da Confederação Internacional de Sociedades de Autores e Compositores (CISAC), foi redigida a Carta de Direito de Autor, na qual esse princípio estava inserido: *"Los diferentes derechos exclusivos del autor en lo que concierne a las utilizaciones económicas de sus obras tales como: la reproducción gráfica o la reproducción por cualquier outro medio mecánico, la adaptación cinematográfica, la representación, el recitado y la ejecucion pública, la radiodifusón y la televisión, la adaptación a otra forma de expresión, son prerrogativas independentes la una de la outra, cuya transmisión a terceros solo puede depender de manifestaciones expresas y distintas de la voluntad del autor".*

José de Oliveira Ascensão, a esse respeito, afirma: *"Cabe em exclusivo ao autor a escolha dos processos e das condições de utilização e exploração da obra".*[33]

Para melhor perceber a independência das formas de utilização, a que cada uma das formas necessita de autorização prévia do autor, ou do representante (procurador, cessionário, titular), citaremos a música. Após a exteriorização da obra musical, para que tenhamos conhecimento da obra, deverá ser publicada. Após a publicação, de forma a estar disponível a todo o público, qualquer uso dependerá de prévia autorização. O que normalmente é feito por uma editora, que autorizará o uso em um fonograma ou obra audiovisual etc. Se executada no rádio, a emissora pagará para obter a autorização de uso em emissão, entretanto, se após a emissão uma outra empresa de radiodifusão aproveitar a emissão em retransmissão (são as nominadas estações repetidoras e/ou afiliadas), nova autorização será necessária para essa nova empresa de radiodifusão.

---

[33] *Direito autoral.* 2. ed. Rio de Janeiro: Renovar, 1998. p. 370.

Se aquela obra musical for sincronizada em uma obra audiovisual – música incidental ou de fundo, dependerá de uma nova autorização. A obra audiovisual sendo exibida com a música incidental, outra autorização deverá ser obtida pelo exibidor.

Se a mesma música é executada em um *show* ao vivo, nova autorização deverá ser obtida. Se o *show* é transmitido pela TV, outra autorização será necessária, e se for retransmitido pelas afiliadas ou filiadas, nova autorização deve ser obtida, e se o sinal da emissora for para TV a cabo, necessitará de nova autorização. Se houver a captação do sinal por satélite e distribuído a outro país, nova autorização deve ser feita.

Entre as formas de utilização, tem-se os meios clássicos, com formas analógica, mecânica etc., e o meio virtual[34] com formas digital, eletrônica etc. Consequentemente, a independência da modalidade de utilização tem como princípios: a) as modalidades de fixação (suporte); b) a transmissão (que fica atrelada à multiplicidade da evolução técnica) e c) os fins do uso (ex.: a importação paralela). Por exemplo: a obra literária pode ser utilizada em edição literária, em adaptação para teatro ou para obras audiovisuais, que, por sua vez, podem ser transmitidas para TV, pela Internet, por satélite, por TV a cabo, fixada em HI8, Betadigital, película etc.

Tendo em vista a Restritividade Interpretativa dos Negócios Jurídicos (art. 4º da Lei nº 9.610/98), associada ao

---

[34] Mundo virtual é um termo construído por William Gibson em seu livro *Neuromancer* para a descrição do mundo dos computadores e da sociedade que os cerca. Trata-se de um espaço fruto da interligação de computadores, como, por exemplo, o ambiente no qual trafegam os dados da internet. (*Apud* Gustavo Testa Correa, p. 9).

disposto no artigo 49, V e VI (princípio da autorização literal) do mesmo diploma: *V – a cessão só se operará para modalidades de utilização já existentes à data do contrato; VI – não havendo especificações quanto à modalidade de utilização, o contrato será interpretado restritivamente, entendendo-se como limitada apenas a uma que seja aquela indispensável ao cumprimento da finalidade do contrato,* é de bom tom que se tenha claros os termos de utilização da obra intelectual, no contrato (quer de concessão, quer de licença), em razão da independência das modalidades de utilização.

Daí entendermos que a numeração de exemplares reproduzidos, quer para fins de controle dos ganhos de *royalties*, quer para a prestação de contas ao autor, é uma necessidade ética e um direito moral do autor, que constatará as formas de uso.

Isso porque a LDA admite a cessão de direitos autorais, e se há a cessão, ela não justifica a numeração de exemplares, a não ser se a remuneração do cedente ficar atrelada ao faturamento da obra (o que mais seria uma administração de direitos autorais e não uma cessão). Contudo, se houver a concessão ou a edição, será necessária a numeração, desde que o ganho do autor esteja atrelado ao número de venda de exemplares da obra. Assim, não podemos conceber a faculdade de numeração de exemplares uma prerrogativa de direito patrimonial, por ter de admiti-lo ser objeto de cessão, por coerência ao ordenamento jurídico.

Milton Fernandes, sobre esse princípio, já enfatizava: *"A licença dada para utilização por um sistema em nenhuma hipótese abrange o outro"*.[35]

[35] Ob. cit., p. 74.

8

A VISÃO DO SUPERIOR TRIBUNAL JUSTIÇA SOBRE O IMPEDIMENTO DA CESSÃO DOS DIREITOS AUTORAIS DECORRENTES DA OBRA CRIADA EM PRESTAÇÃO DE SERVIÇOS

Passamos à citação das decisões que envolvem a cessão de direitos autorais sobre a criação decorrente da prestação de serviços, mas com a observância da imprescindível necessidade de evitar distorções; em congênere sentido é a adoção do entendimento, cuja submissão estabelece padrão para a segurança jurídica, sobretudo a observação ao princípio da hierarquia das ordens judiciais.

Frisando o trecho do voto do Ministro Moreira Alves:

"Essa norma não retirou do titular do direito autoral ou do direito a ele conexo direito exclusivo de utilizar-se dele. O que fez, apenas, foi estabelecer a proibição, em favor do próprio titular do direito, de cessão definitiva deste em qualquer caso, ainda quando o cessionário seja o patrão. Com isso, esse preceito deu efetiva proteção ao titular desses direitos, sabido como é que, nesses casos, o empregador, para celebrar o contrato de trabalho, poderia compelir o autor ou o artista a ceder, de antemão, os direitos patrimoniais sobre a obra ou a representação dramática, propiciando àquele reproduzi-la quantas vezes o quisesse, sem qualquer pagamento a estes. O artigo em causa, em última análise, com que permitiu somente – e em favor dos autores e artistas, cessões temporárias (para exibição da obra), mas em número indefinido, proibida a cessão definitiva."

Vejamos o posicionamento do Superior Tribunal de Justiça, tendo em visto a existência de precedentes jurisprudenciais, conforme determina o art. 927 do CPC:

> *"Art. 927. Os juízes e os tribunais observarão: (...)*
>
> *III – os acórdãos em incidente de assunção de competência ou de resolução de demandas repetitivas e em julgamento de recursos extraordinário e especial repetitivos."*
>
> *"Art. 928. Para os fins deste Código, considera-se julgamento de casos repetitivos a decisão proferida em:*
>
> *I – incidente de resolução de demandas repetitivas;*
>
> *II – recursos especial e extraordinário repetitivos."*

Vejamos,

DIREITO AUTORAL. OBRA ARTÍSTICA COLETIVA. TITULARIDADE DA EMPRESA PROMOTORA DO EVENTO. ART. 15 DA LEI Nº 5.988/73. OBSERVÂNCIA DOS DIREITOS CONEXOS. ART. 13 DA LEI Nº 6.533/78.

1. Em se tratando de obra artística de caráter coletivo, a titularidade dos direitos autorais é da empresa produtora do evento, nos termos do que dispõe o art. 15 da Lei nº 5.988/73.

2. A norma protetiva inserida no art. 13 da Lei nº 6.533/78, longe de conflitar com a regra do art. 15 da Lei de Direitos Autorais, acaba por complementá-la, ao condicionar a aplicação do comando legal ali expresso com vistas a garantir os direitos conexos dos profissionais contratados para participarem do projeto artístico.

3. Recurso especial não conhecido.

(REsp 438.138/DF, Rel. Ministro João Otávio de Noronha, 4ª Turma, julgado em: 18/06/2009, DJe *04/08/2009).*

RELATÓRIO

O EXMO. SR. MINISTRO JOÃO OTÁVIO DE NORONHA:

Trata-se de recurso especial fundado no art. 105, III, alínea "a", da Carta da República, interposto contra acórdão prolatado em sede de apelação pelo Tribunal Regional Federal da 1ª Região e cuja ementa tem o seguinte teor:

"DIREITO CIVIL. DIREITOS AUTORAIS. OBRA ARTÍSTICA COLETIVA. TITULARIDADE. EMPRESA PROMOTORA DA OBRA. ART 15 DA LEI Nº5.988/73. DIREITOS CONEXOS RESGUARDADOS.

Na hipótese de obra artística de caráter coletivo, organizada e promovida por empresa, tem esta a titularidade dos direitos autorais daquela, devendo-se resguardar, no entanto, os direitos conexos dos demais autores intelectuais participantes, a teor do disposto nos arts. 13 e 15 da Lei nº 5.988/73, que não são incompatíveis.

– Apelação provida" (fl. 1.108).

Colhe-se dos autos que a ora recorrida submeteu ao Conselho Nacional de Direito Autoral – CNDA diversos contratos celebrados com artistas e empresários do setor artístico, tendo como objeto a prestação de serviços de artistas profissionais para a realização de obras coletivas por ela produzidas. A homologação foi negada pela 3ª Câmara do citado órgão, ao fundamento de contrariedade do ajuste aos ditames do art. 13 da Lei nº 6.533/78, que proíbe a cessão ou promessa de cessão de direitos autorais e conexos decorrentes da prestação de serviços profissionais. Acionado o Judiciário, decidiu o magistrado de primeiro grau referendar o posicionamento do CNDA, afirmando ser ilegal a cláusula 4, § 1º, dos contratos, por importar em cessão de direitos autorais pelos profissionais do meio artístico. Eis o teor da cláusula em questão: 'A EMPREGADORA (nos contratos celebrados com empresários dos artistas, diz-se 'a Cessionária') ajusta com o empregado e se obriga a lhe pagar também, diretamente, o valor de 10% (dez por cento) incidente sobre a quantia estipulada nesta cláusula, para cada reexibição em todo Território Nacional do programa e/ou realização artística que participar, a título de direito conexo correspondente, até um total de 5 (cinco) reexibições, que só poderão ser feitas dentro de um prazo máximo de 10 (dez) anos contados da data de início da primeira emissão de radiofusão de que trata o caput desta cláusula.'

A sentença foi posteriormente reformada pela Corte regional, nos termos do acórdão.

Retrossumariado, o que ensejou a interposição do presente recurso especial. Em suas razões recursais, aduz a recorrente violação do art. 13 da Lei nº 6.533/78. Assevera que a cláusula contratual impugnada 'institui e prima pela alienabilidade, pela via da privação ***ab ovo****, quando a legislação impõe a inalienabilidade' (fl. 1.017). Questiona, ainda, o fato de os contratos terem fixado 'valor para cada reexibição, contrariamente ao comando da norma, que exige fixação para cada exibição' (fl. 1.116).*

Contrarrazões apresentadas às fls. 1.120/1.130.

Admitido o recurso na origem (fl. 1.131), ascenderam os autos ao Superior Tribunal de Justiça, tendo sido encaminhados ao Ministério Público Federal, que, por meio do parecer lançado às fls. 1.141/1.144, opinou pelo não conhecimento do apelo.

Em 30/4/2009, o processo foi redistribuído à minha relatoria, tendo em vista os termos do despacho de fl. 1.146, por meio do qual o então relator, Ministro Aldir Passarinho Júnior, afirmara sua suspeição com base no art. 135, parágrafo único, do CPC.

Em linhas gerais, é o relatório.

VOTO

O EXMO. SR. MINISTRO JOÃO OTÁVIO DE NORONHA (RELATOR):

Aduz a recorrente que o acórdão recorrido, ao afirmar a legalidade de contratos cuja homologação fora negada pelo CNDA, acabou por violar o art. 13 da Lei nº 6.533/78, do seguinte teor:

Art. 13. Não será permitida a cessão ou promessa de cessão de direitos *autorais e conexos decorrentes da prestação de serviços profissionais.*

Parágrafo único. Os direitos autorais e conexos dos profissionais serão devidos em decorrência de cada exibição da obra.

Verifico, entretanto, após atenta análise dos autos, que inexiste a contrariedade suscitada. Ao regular os direitos autorais, a Lei nº 5.988, de 14/12/73, fez dispor, em seu art. 15, que, quando se tratar de obra realizada por diferentes pessoas, mas organizada por empresa singular ou coletiva e em seu nome utilizada, a esta caberá sua autoria.

No caso dos presentes autos, a premissa fática a informar a propriedade dos direitos autorais sobre a produção artística coletiva, nos termos estabelecidos no preceito legal retro, vem estabelecida no seguinte trecho do acórdão recorrido, in verbis*:*

'Compulsando os contratos, verifica-se que os programas de TV a serem elaborados pelos artistas realizar-se-iam sob os auspícios da apelante e em seu nome, já que seriam organizados, produzidos e editados por ela. Assim, depreende-se que a TV Globo Ltda. é titular do direito autoral das obras artísticas por ela produzidas' (fl. 1.106). Nenhuma dúvida, portanto, a teor do normativo em comento, quanto à titularidade da empresa ora recorrida sobre os direitos autorais questionados nos autos, presente a subsunção dos contratos ora celebrados à hipótese ali desenhada. Resta, então, aferir eventual violação do art. 13 da lei nº 6.544/78, que, ao dispor sobre a regulamentação das profissões de artistas e de técnico em espetáculos de diversões, sinaliza o respeito aos direitos conexos dos profissionais participantes do projeto artístico. Note-se que a norma protetiva em questão, longe de conflitar com

a regra do art. 15 da Lei de Direitos Autorais, acaba por constituir-se em um complemento desta, na medida em que condiciona a aplicação do comando legal ali expresso, com vistas a assegurar os direitos conexos dos profissionais contratados para participarem do projeto artístico. Esse, aliás, é o entendimento que se extrai do seguinte aresto do STJ, in verbis*:*

'CIVIL. DIREITO AUTORAL. OBRA COLETIVA. DIREITOS CONEXOS. A DECLARAÇÃO DA EXISTÊNCIA DE RELAÇÃO JURÍDICA DE USO, GOZO E DISPOSIÇÃO DE PRODUÇÃO ARTÍSTICA COLETIVA, PELA EMPRESA DETENTORA DO DIREITO AUTORAL (ART. 15 LEI 5.988/73), NÃO NEGA VIGÊNCIA AO ART. 13 E SEU PARÁGRAFO ÚNICO DA LEI 6.533/78, TANTO MAIS QUANDO RESSALVA OS CHAMADOS DIREITOS CONEXOS, DOS QUE PARTICIPAM DA EXECUÇÃO DA REFERIDA OBRA ARTÍSTICA.' (REsp nº 4.875/ RJ, rel. Ministro Dias Trindade, DJ *de 06/05/1991).*

Na hipótese em exame, é o próprio acórdão a afirmar, textualmente, que 'restaram garantidas, através das cláusulas contratuais, os direitos conexos dos que participaram das obras artísticas organizadas pela Apelante' (fl. 1.106), consideração esta que, a despeito de seu caráter por demais genérico e abrangente, não restou impugnada a contento pela recorrente, que se limitou a aduzir, no ponto, argumento pouco convincente, vazio de conteúdo jurídico, envolvendo aspectos semânticos das expressões 'exibição' e 'reexibição'. Ante o exposto, ***não conheço do recurso especial****.*

É o voto.

O Superior Tribunal de Justiça ainda julgou feito, apreciando a arguição de aplicabilidade da Lei nº 6.533/78.

> ***CIVIL. DIREITO AUTORAL. OBRA COLETIVA. DIREITOS CONEXOS. A DECLARAÇÃO DA EXISTÊNCIA DE RELAÇÃO JURÍDICA DE USO, GOZO E DISPOSIÇÃO DE PRODUÇÃO ARTÍSTICA COLETIVA, PELA EMPRESA DETENTORA DO DIREITO AUTORAL (ART. 15 LEI 5.988/73), NÃO NEGA VIGÊNCIA AO ART. 13 E SEU PARÁGRAFO ÚNICO DA LEI 6.533/78, TANTO MAIS QUANDO RESSALVA OS CHAMADOS DIREITOS CONEXOS, DOS QUE PARTICIPAM DA EXECUÇÃO DA REFERIDA OBRA ARTÍSTICA.***
>
> ***(REsp 4.875/RJ, Rel. Ministro DIAS TRINDADE, 3ª Turma,* julgado em*: 08/04/1991,* DJ *06/05/1991, p. 5663).***

Equívoco é visto na decisão do Egrégio Superior Tribunal de Justiça dissidente do acordão do Supremo Tribunal Federal:

> *A transferência ao empregador dos direitos patrimoniais sobre essas obras oriundas exclusivamente da relação de emprego exsurge como consequência lógica da remuneração recebida pelo empregado, sendo razoável supor a existência de acordo tácito nesse sentido, como forma de justificar o pagamento do salário. Por outro lado, esse mesmo salário não tem o condão de desfazer o liame subjetivo do autor com sua obra, persistindo o vínculo de caráter moral, que pertence à própria essência do direito de autor. Outrossim, tendo em vista que, havendo vínculo*

> *laboral entre autor e encomendante, a transmissão dos direitos autorais de natureza patrimonial ocorre de maneira tácita. (STJ, REsp nº 1.034.103/RJ, Rel. Min. Nancy Andrighi, DJ 22/06/10).*

De outra forma, analisando a questão sobre a exegese da antiga Lei nº 5.988/73, que tutela os direitos autorais, é assegurada a participação econômica do autor/criador:

> *AGRAVO INTERNO NO RECURSO ESPECIAL. DIREITO AUTORAL. PRESTAÇÃO DE SERVIÇOS ARTÍSTICOS. VÍNCULO EMPREGATÍCIO. CESSÃO DE DIREITOS NÃO CONFIGURADA. INCIDÊNCIA DA SÚMULA 7/STJ. REPARAÇÃO POR DANOS PATRIMONIAIS E COMPENSAÇÃO POR DANOS MORAIS. NÃO CABIMENTO. AGRAVO NÃO PROVIDO. 1. A Corte de origem, analisando o acervo fático-probatório dos autos, concluiu que não houve cessão de direitos autorais para a requerida, mas sim relação empregatícia ou prestação de serviços, mediante remuneração mensal, o que poderia ser acordado verbalmente.*
>
> *A alteração das premissas fáticas adotadas pela Corte de origem demandaria o reexame de provas, o que é vedado pela Súmula 7 do Superior Tribunal de Justiça. 2. "Nos termos do caput do art. 36 da Lei 5.988/73, em vigor à época dos fatos, tendo a obra autoral sido criada no curso de relação de trabalho, de prestação de serviços ou em cumprimento a dever funcional, os direitos de autor pertencem tanto ao contratado quanto ao contratante, circunstância que afasta a pretensão de reparação por danos patrimoniais fundamentada no uso não autorizado da obra por um dos sujeitos da relação" (REsp 1.165.407/MG, Rel. Ministra NANCY*

ANDRIGHI, TERCEIRA TURMA, julgado em 08/08/2017, DJe de 14/08/2017).

3. Agravo interno a que se nega provimento.

(AgInt no REsp 1251629/SP, Rel. Ministro RAUL ARAÚJO, QUARTA TURMA, julgado em 18/10/2018, DJe 25/10/2018)

9

A VISÃO DO TRIBUNAL DE JUSTIÇA DO ESTADO DE SÃO PAULO SOBRE O IMPEDIMENTO DA CESSÃO DOS DIREITOS AUTORAIS DECORRENTES DA OBRA CRIADA EM PRESTAÇÃO DE SERVIÇOS.

Apreciando o fato concreto sobre a cessão de direitos autorais decorrente da prestação de serviços, decidiu o Tribunal de Justiça do Estado de São Paulo:

> *INDENIZAÇÃO – DIREITO AUTORAL – Veiculação de opúsculo de ampla divulgação, contendo texto literário sem indicação de autoria – Pretensão de ver reconhecida a existência de violação aos direitos autorais*

sobre a produção intelectual – Sentença que considerou o texto como obra coletiva e julgou a ação de indenização e a medida cautelar de busca e apreensão em apenso improcedentes – Hipótese analisada à luz da Lei nº 5.988/73 (antiga Lei de Direitos Autorais), vigente à época em que foi desenvolvido o trabalho de criação — Obra originada de pesquisas históricas realizadas pelos apelantes, sob coordenação de um deles, porém, todos como membros e representantes da Sociedade apelada, a qual é formada por um grupo de indivíduos irmanados por um ideário comum, e possuem como finalidade difundir os princípios por ela adotados – Compromisso assumido pelos apelantes ao integrar a Sociedade de prestar colaboração, inclusive intelectual, de forma livre e espontânea — Circunstância que denota o caráter coletivo do trabalho, que contou com a cooperação de outros membros, na busca de um ideal comum – Direitos patrimoniais sobre a exploração econômica da criação atribuídos à Sociedade Apelada – Direitos morais, no entanto, inalienáveis e irretratáveis, que visam precipuamente proteger o autor e sua criação – Indenização devida pela supressão de autoria – Valor a ser fixado com moderação, ante a inexistência de violação à função social da obra – Fixação da verba indenizatória em RS 12.000,00 – Sucumbência recíproca, devendo cada parte arcar com metade das custas e com os honorários de seus respectivos patronos – Apelo provido em parte. (TJSP; Apelação Com Revisão 0044160-48.2002.8.26.0000; Relator(a): Percival Nogueira; Órgão Julgador: 6ª Câmara de Direito Privado; Foro Central Cível – 34. VARA CÍVEL; Data do Julgamento: 10/12/2008; Data de Registro: 29/12/2008).

Relator

Trata-se de recurso de apelação interposto tempestivamente, às fls. 1134, por Dustan Soares de Miranda Filho,

Nelson Tadeu Costa e José Afonso Sulzabach de Aguiar, contra a r. sentença de fls. 1104/1112 e 1132v, cujo relatório se adota, que julgou improcedente a ação de indenização e a medida cautelar de busca e apreensão ajuizada em face da Sociedade Brasileira de Defesa da Tradição, Família e Propriedade, condenando-os ao pagamento das custas, despesas processuais e honorários advocatícios, no valor de R$ 12.000,00 (doze mil reais). Asseveram os apelantes que são membros da entidade apelada e que, no ano de 1988, escreveram um texto e produziram um audiovisual intitulado "A Medalha Milagrosa Revelada a Santa Catarina Labouré", texto este que foi adaptado e publicado no periódico "Catolicismo" sob o pseudônimo de "Comissão São Bento", acrescentadas as siglas TFP, o qual, no ano de 1998, teria sido editado no formato de um livreto em tiragens impressionantes, sem menção de autoria, não obstante a existência de registro de três versões do trabalho junto à Fundação Biblioteca Nacional. Buscam, assim, a reforma da sentença de improcedência que embora os reconheceu como autores da obra, mas classificou-a como coletiva e atribuiu o direito autoral à apelada. Para tanto, asseguram que a iniciativa de elaboração e a função organizadora foram exercidas por eles, e não pela TFP. Consideram que à ausência de solicitação da TFP para a produção do trabalho, e à falta de direção ou organização pela Sociedade, está descaracteriza a obra como coletiva, nos termos do art. 15 da Lei nº 5.988/73, de modo que o fato de serem membros da TFP não suprime o direito sobre suas produções intelectuais, uma vez que não houve qualquer cessão de direitos. Invocam a aplicação do disposto nos arts. 3º, 53 e 59 da referida norma legal. Reclamam, por fim, os direitos morais, inalienáveis e irretratáveis por força da Lei, protegidos até mesmo quando a produção decorra de contrato de trabalho, razão pela qual, possuem ao menos o direito de *serem indenizados por força da finalidade diversa dada à obra sem qualquer autorização. Postulam a procedência do pedido para que a apelada se abstenha de divulgar a mencionada obra, sob pena de multa diária, e fixação de quantia suficiente para indenizar os danos morais decorrentes da ampla divulgação e venda de exemplares, invertendo-se os ônus da sucumbência (fls. 1135/1160). Recebido o apelo em ambos os efeitos (fls. 1187), vieram as contrarrazões pugnando pela integral manutenção da r. sentença (fls. 1189/1221). Recurso redistribuído a este Relator, em razão da aposentadoria do eminente Desembargador Waldemar Nogueira Filho (fls. 1255).*

É ***o relatório****.*

Por proêmio, convém ressaltar que o caso dos autos é de ser analisado à luz da antiga lei autoral, Lei nº 5.988, de 14/12/1973, vigente à época em que foi desenvolvido o trabalho que se busca o reconhecimento da autoria. Cinge-se a controvérsia, principalmente, sobre a caracterização do trabalho como obra coletiva ou não, pretendendo fazer crer a apelada que é derivada de mera colaboração e resultado de boa adaptação fundada em outro trabalho publicado no Boletim Aperçu da TFP Francesa, de modo a afastar a característica de produção intelectual individual. Para análise do contexto apresentado, imprescindíveis breves considerações. O direito autoral previsto no ordenamento jurídico pátrio visa proteger o autor e sua criação. Constituído de um conjunto de prerrogativas atribuídas com exclusividade aos titulares de determinada obra intelectual, garante-lhe o monopólio absoluto e subjetivo sobre a obra, observada a sua função social. Dentro do regime do direito autoral, estão previstos os direitos patrimoniais, que se referem à exploração econômica sobre a criação; e os direitos morais, que se ocupam em impedir modificações, alterações ou supressões sobre o conteúdo, bem como inibir a utilização da obra sem menção ao nome do autor, prerrogativa esta inalienável e irrenunciável.[36] *Assim, enquanto a criação é tida como um bem imaterial, a obra corporificada é um bem material. É de ser ressaltada, dentro do tema, a importância da função social da criação e sua utilização. Dentro desse contexto, citando o Jurista Eduardo Vieira Manso, Eduardo Salles Pimenta nos coloca que se confrontam dois interesses legítimos, "igualmente inafastáveis, que o Estado deve atender de maneira satisfatória para ambos: de um lado, o autor, cujo trabalho pessoal e criativo (dando uma forma especial às ideias) deve ser protegido e recompensado e, de outro, a sociedade que lhe forneceu a matéria-prima dessa obra que é seu receptáculo natural. Como membro dessa sociedade, o autor não pode opor-lhe seu interesse pessoal, em detrimento do interesse superior da cultura; e como, mantenedora da ordem, não pode a sociedade subjulgar o indivíduo, em seu exclusivo benefício, retirando-lhe aquelas mesmas prerrogativas que o governo confere ao autor, para o favorecimento da criação intelectual, e que são instrumentos de importância relevante de seu próprio desenvolvimento e de sua substância soberana".*[37] *Ainda se faz necessário consignar que para a caracterização da criação intelectual como* ***obra coletiva,*** *ela deve ser resultado de iniciativa, indicação e orientação de terceiro, geralmente uma pessoa jurídica, à qual falta capacidade criativa e intelectual, não obstante a existência de tese que defende ser possível a autoria originária da pessoa jurídica para as obras coletivas.*[38]

---

[36] PIMENTA, Eduardo Salles; PIMENTA FILHO, Eduardo Salles. A limitação dos direitos autorais e a sua junção social. *In:* PIMENTA, Eduardo Salles (coord.). *Direitos autorais, estudos em homenagem a Otávio Afonso dos Santos.* São Paulo: RT, 2007. p. 73.

[37] Ob. cit., p. 77.

[38] Confira-se MORATO, Antônio Carlos. Do direito de autor na obra coletiva. Tese de Doutorado da Faculdade de Direito USP, São Paulo. 2004; e

O trabalho coletivo engloba a direção da criação de uma obra artística, organização, fornecimento de meios materiais para sua concretização, edição e divulgação. No entendimento de Hildebrando Pontes, o emprego de recursos próprios da pessoa jurídica para tanto não retira a gênese da criação intelectual; e o fato dos autores de uma obra coletiva não suportarem os riscos de sua produção em nada modifica a condição de seus criadores originários e a exclusividade da obra. Considera que sendo a criação da obra ato personalíssimo, quem a organiza, por si só, não alcança o patamar da criação intelectual.[39]

Na obra coletiva, o trabalhador com vínculo empregatício possui garantido ***o direito moral*** *de obra literária em cumprimento a contrato de trabalho. Tal fato, contudo, não retira da pessoa jurídica organizadora a condição de titular de direitos e obrigações que lhe atribui o art. 15 da Lei nº 5.988/73: "Quando se tratar de obra realizada por diferentes pessoas, mas organizada por empresa singular ou coletiva e em seu nome utilizada, a esta caberá a autoria". Embora a nova lei de direito autoral tenha adotado nova versão para a obra coletiva (art. 11, parágrafo único, da Lei nº 9.610/98), suprimindo de vez da pessoa jurídica a condição de autora, é certo que também não lhe alterou a condição de detentora dos direitos patrimoniais. Já a colaboração caracteriza-se por ato espontâneo de auxiliar na criação do contexto, impulsionado por princípios e idealismos. Feitas referidas premissas, é de ser analisado, in concreto, o pedido dos apelantes, que reclamam a existência de violação de*

BITTAR, Carlos Alberto. *Direito do autor na obra feita sob encomenda.* São Paulo: RT, 1977. p. 66-67. *Apud* PONTES, Hildebrando. Autoria e obra coletiva. In: PIMENTA, Eduardo Salles (coord.). *Direitos autorais, estudos em homenagem a Otávio Afonso dos Santos.* São Paulo: RT, 2007. p. 135.

[39] *Autoria e obra coletiva,* ob. cit., p. 135 e 138.

ordem moral decorrentes da ausência de indicação de autoria na utilização de texto literário; da modificação do título e outras pequenas alterações, sem consentimento de seus criadores; e o desvirtuamento da finalidade original da obra. Dizem os recorrentes que a idealização da obra nasceu da pretensão do coautor Dustan Soares de Miranda Filho em homenagear o fundador da TFP, Sr. Plínio Correia de Oliveira, almejando, ainda, a propagação de devoção da Nossa Senhora. Tal fato foi confirmado no depoimento das testemunhas arroladas pelos requerentes, Luiz Francisco Beccari (fls. 881/893) e Carlos Alberto Soares Corrêa (fls. 894/907). No mesmo sentido, as escrituras de declarações de fls. 202/217, dão conta de que na realização do trabalho o Senhor Dustan estava à frente de uma comissão de colaboradores e teria montado um audiovisual do tema, sobre o qual desenvolveu o texto em questão. Todos os declarantes, residentes na Fundação apelada, disseram ser colaboradores da TFP e alguns alegam ter participado efetivamente no trabalho técnico do audiovisual, originado de pesquisas históricas realizadas pelos ora apelantes, a quem atribuem a autoria. Asseveraram, ainda, em especial o Sr. Felipe Ribeiro Dantas (fls.216), que dependendo das preferências dos autores, as obras intelectuais dos sócios e cooperadores da TFP costumam ser publicadas, quer em nome dos respectivos autores; quer com a utilização de pseudônimos, quer em nome da própria TFP e, quando elaborados por comissão de estudo, ora com menção apenas ao nome da comissão, sem a designação de seus componentes, ora com indicação do coordenador dos trabalhos; ora, ainda, relacionando todos os autores. Frisou o declarante, na ocasião, que, especificamente o artigo sobre "A medalha milagrosa" levou o nome da sede em homenagem à produção intelectual de todo o conjunto de moradores dessa sede. Anote-se que a publicação mencionou autoria da "Comissão de Estudos

São Bento da TFP". Em contrapartida, a apelada trouxe a declaração de José Carlos Alves de Matos Sepúlveda (fls. 351/353), no sentido de que os trabalhos audiovisuais eram da responsabilidade de um corpo de sócios ou cooperadores da TFP, o qual sofria certa rotatividade de seus componentes, e entre eles o Sr. Dustan teria assumido por determinado período. Assim, afasta de forma peremptória a ideia de se identificar a Comissão de Estudos São Bento da TFP à figura apenas dos três demandantes. Confirma tal versão no depoimento prestado a fls. 841/851. Corrobora sua declaração aquela prestada por João Luiz da Costa Carvalho Vidigal (fls. 349), confirmada pelo depoimento de fls. 834/840, no sentido de que o trabalho foi realizado por uma comissão totalmente custeada pela TFP, e nasceu de um boletim da TFP Francesa. Extrai-se de todo o processado, que a apelada é formada por um grupo de pessoas irmanadas na busca de ideais comuns, compostas de sócios ou membros colaboradores, passando grande parte deles a viver em residências coletivas, submetidas às regras impostas. É fato incontroverso que à época da elaboração da obra em comento os recorrentes viviam no Eremo São Bento.

Restou patente que residiam na sede da entidade desde 1977, como membros da organização que realizam estudos e trabalhos intelectuais diversos na finalidade precípua de colaborar com os princípios difundidos pela Sociedade. Ao que se depreende, os ora apelantes, por força de um ideário comum, passaram a integrar a Sociedade apelada e com ela colaborar de livre e espontânea vontade. Do pedido de bolsas assinado pelos autores (fls. 271/280) extrai-se o comprometimento por eles assumido mediante o favor das bolsas de gastos pessoais, "destinadas a possibilitar uma colaboração ampla e permanente com a TFP, por parte de Sócios ou Cooperadores que, aderindo aos princípios, ideais e objetivos dela, desejam, por idealismo religioso, oferecer-lhe uma tal colaboração, mas não dispõem de recursos próprios que lhe permitam fazê-lo, de forma que no item 5, "a", assim se faz constar: "disponho-me a dar a essa Sociedade, ***em caráter permanente e com religiosa generosidade,*** *a colaboração que ela solicitar (seja de oração, estudos,* ***elaboração intelectual, divulgação de ideias e ideais,*** *venda de publicações, campanhas de rua, atividades filantrópicas, serviços de escritório, e o mais que eu for capaz) para a consecução de suas finalidades estatutárias" (fls. 274) (g.n.). No documento de fls. 275 o bolsista e apelante Nelson Tadeu Costa atesta que presta à TFP colaboração ampla e permanente na Sede São Bento. No mesmo sentido o Sr. Dustan às fls. 281. Destarte, não remanescem dúvidas de que o Sr. Dustan, com o auxílio do Sr. Nelson e Sr. José Afonso, foram os responsáveis pela direção do trabalho elaborado na sede do Eremo São Bento, sob comissão intitulada "Comissão São Bento", mas em nome da TFP, por quem se dedicavam de forma exclusiva naquela época. É bem verdade, e causa estranheza, que somente após a morte do fundador Plínio Corrêa de Oliveira, presidente da entidade até então, e mais de dez anos após a primeira publicação, quando permitiram a inserção da sigla "TFP" na indicação de autoria, é que os recorrentes decidiram pleitear direitos autorais sobre o texto desenvolvido quando residentes na sede e mantidos pela Sociedade Brasileira de Defesa da Tradição, Família e Propriedade – TFP. Correto afirmar, ainda, que a pretensão surgiu em circunstâncias duvidosas. Convém ressaltar que, com a morte do fundador, instalou-se divergência com a nova diretoria, e acirrando disputa administrativa e jurídica em relação às pretensas alterações estatutárias e de gerência, conflito interno que alterou os ânimos dos sócios e membros da sociedade. Nesse passo, depreende-se que a obra "A Medalha Milagrosa Revelada a Santa Catarina Labouré" foi produzida de* *forma coletiva, realizada com a finalidade de difundir os ideais da sociedade apelada, conforme se comprometeram os apelantes como membros da TFP que, embora assim não reconheçam nesse momento, e, não obstante a falta de cessão de direitos de forma expressa, concordaram tacitamente com a utilização da sigla "TFP" acrescentada ao pseudônimo utilizado por ocasião da 1ª publicação. Tal constatação, aliada ao fato de que contra essa circunstância eles não se insurgiram por longos dez anos, deixa evidente que o propósito era mesmo o de difundir ideais e dogmas católicos, dentro dos princípios adotados por membros que aderiram ao estatuto da sociedade apelada. Consigne-se, ainda, que, embora o artigo da "Medalha Milagrosa" realmente traga fortes traços daquele publicado pela TFP Francesa, levando inicialmente a refletir tratar-se ou não de obra originária, como criação primígena (art. 5º, VIII, "f" da Lei nº 9.610/98) ou, simplesmente, como derivada (art. 5º, VIII, "g", da Lei nº 9.610/98), não restou caracterizada a contrafação. A r. sentença, mesmo reconhecendo a autoria dos ora recorrentes, acolheu a tese defendida pela apelada de que o trabalho foi desenvolvido como forma de colaboração prestada por dedicação a um ideário, de forma espontânea e gratuita, e afastou a pretensão dos autores. A Lei dos direitos autorais estende ao organizador a titularidade dos direitos patrimoniais sobre o conjunto da obra coletiva. Fica, assim, reconhecido o direito da apelada sobre a exploração econômica do livreto. Não há como obstar, contudo, a garantia contida no artigo 5º, XXVIII, "a", da CF, que assegura proteção às participações individuais nas obras coletivas, razão pela qual, fazem jus à indenização os ora apelantes. Por força do disposto no art. 25 da Lei nº 5.988/73, são os autores titulares dos direitos morais, inalienáveis e irretratáveis. Reconhecida a titularidade dos danos morais sobre a produção intelectual* *em comento, a indenização deve ser fixada com moderação. Isso porque, não se verifica, na hipótese presente, que a publicação dos livretos tenha extrapolado os limites da função social da criação, ou que sua utilização tenha finalidade diversa daquela dada à obra, idealizada também com o intuito de difundir os dogmas adotados. Destarte, porque divulgada a obra sem menção à autoria, e considerando a tiragem elevada dos opúsculos, deve a apelada pagar aos apelantes, a título de indenização, o montante equivalente a R$ 12.000,00 (doze mil reais), corrigidos monetariamente desde a condenação, assim entendida a data da publicação deste acórdão. Sucumbentes reciprocamente, cada parte arcará com metade das custas e com os honorários de seus respectivos patronos. Portanto, pelo exposto, pelo meu voto se* ***dá parcial provimento ao recurso, na forma acima indicada.***

JOSÉ PERCIVAL ALBANO NOGUEIRA JÚNIOR

Relator

Por claro, sentir o julgado a seguir demonstra a interpretação jurídica concordante com a julgada pelo Supremo Tribunal Federal, de maneira a reconhecer a incessibilidade dos direitos autorais, *in casu* do dublador, que dublou em prestação de serviços e com quem permaneceu a titularidade de direitos sobre sua obra:

Direito autoral. Dublagem. Violação a direito autoral caracterizada. Exibição de série de televisão sem autorização do dublador de personagens e sem dar os devidos créditos. Procedência parcial. "Quantum" indenizatório arbitrado em trinta mil reais. Ação parcialmente procedente – Sucumbência recíproca. Apelo parcialmente provido. (TJSP; Apelação Cível 1066867-95.2013.8.26.0100;

Relator(a): Fortes Barbosa; Órgão Julgador: 6ª Câmara de Direito Privado; Foro Central Cível – 16ª Vara Cível; Data do Julgamento: 05/03/2015; Data de Registro: 05/03/2015).

Por outro lado, existem equívocos de interpretação, como o julgado a seguir que entende que a Lei nº 6.533/78 foi revogada:

AÇÃO INDENIZATÓRIA. Direitos Autorais. Pretensão de dublador de personagem da série de televisão "Ugly Betty", em razão da comercialização do seriado no formato de DVD. Sentença de improcedência. Data da distribuição da ação: 08/11/2012. Valor da causa: R$ 100.000,00. Apela o autor sustentando necessidade de autorização, contratos assinados são nulos por afrontarem o artigo 90 da Lei nº 9.610/98 e 13 da Lei nº 6.533/78. Pugna pela indenização por dano patrimonial e moral. Descabimento. Contrato de cessão autoriza todas as modalidades de utilização. Artigo 13 da Lei nº 6.533/78 ao vetar a cessão foi revogada pela Lei nº 9.610/98, que permite sua celebração. Transferência dos direitos autorais, de natureza eminentemente patrimonial, sucedeu de forma extremamente ampla. Impossibilidade de impor limitação ao que restou convencionado. Observância do princípio da força obrigatória dos contratos. Sentença confirmada. Recurso improvido.

TJSP – 0058662-31.2012.8.26.0100 Apelação / Direito Autoral (Relator(a): James Siano; Comarca: São Paulo; Órgão julgador: 5ª Câmara de Direito Privado; Data do julgamento: 23/10/2013; Data de registro: 29/10/2013).

Equívoco também visto na decisão do Egrégio Superior Tribunal de Justiça, dissidente do acordão do Supremo Tribunal Federal:

> *"A transferência ao empregador dos direitos patrimoniais sobre essas obras oriundas exclusivamente da relação de emprego exsurge como consequência lógica da remuneração recebida pelo empregado, sendo razoável supor a existência de acordo tácito nesse sentido, como forma de justificar o pagamento do salário. Por outro lado, esse mesmo salário não tem o condão de desfazer o liame subjetivo do autor com sua obra, persistindo o vínculo de caráter moral, que pertence à própria essência do direito de autor. Outrossim, tendo em vista que, havendo vínculo laboral entre autor e encomendante, a transmissão dos direitos autorais de natureza patrimonial ocorre de maneira tácita." (STJ, REsp nº 1.034.103/RJ, Rel. Min. Nancy Andrighi, DJ 22/06/10).*

A Lei nº 6.533/78, que regula a profissão do artista e dá outras providências, nunca saiu da vigência – quer por revogação expressa ou tácita –, sendo também citada no teor da Lei nº 9.610/98, que reafirma expressamente a sua vigência. Isto permite dizer que a Lei nº 6.533/78 constitui parte integrante dos valores e dos princípios da lei, que a ela se refere – art. 115 da Lei nº 9.610/98.

10

A VISÃO DA JUSTIÇA DO TRABALHO SOBRE O IMPEDIMENTO DA CESSÃO DOS DIREITOS AUTORAIS DECORRENTES DA OBRA CRIADA EM PRESTAÇÃO DE SERVIÇOS

O mencionado voto do Ministro Moreira Alves, citando a nomenclatura autor e artista, externa o espírito de proteção que almejou o legislador, expressado com convergência pela interpretação da Justiça do Trabalho. Eis o trecho do voto:

> *"Essa norma não retirou do titular do direito autoral ou do direito a ele conexo direito exclusivo de utilizar-se*

dele. O que fez, apenas, foi estabelecer a proibição, em favor do próprio titular do direito, de cessão definitiva deste em qualquer caso, ainda quando o cessionário seja o patrão. Com isso, esse preceito deu efetiva proteção ao titular desses direitos, sabido como é que, nesses casos, o empregador, para celebrar o contrato de trabalho, poderia compelir o autor ou o artista a ceder, de antemão, os direitos patrimoniais sobre a obra ou a representação dramática, propiciando àquele reproduzi-la quantas vezes o quisesse, sem qualquer pagamento a estes. O artigo em causa, em última análise, com que permitiu somente – e em favor dos autores e artistas, cessões temporárias (para exibição da obra), mas em número indefinido, proibida a cessão definitiva."

Assim, coerentemente é interpretado pela Justiça do Trabalho a manter com o empregador os direitos inerentes à sua criação, realizada em cumprimento de dever funcional ou em prestação de serviços:

> *LEI Nº 9.610/98. DUBLADORES. VERDADEIRA REPRESENTAÇÃO DOS ATORES. AUTÊNTICA TRANSFERÊNCIA DE EMOÇÃO PARA O PÚBLICO. DIREITOS CONEXOS, VIZINHOS OU ANÁLOGOS, PORTANTO. UTILIZAÇÃO DE DUBLAGEM PARA TODAS AS MÍDIAS.*
>
> *I. A dublagem (também conhecida como dobragem) é a substituição da voz original de produções audiovisuais (filmes, desenhos animados, telenovelas, documentários) pela interpretação de um dublador (ou dobrador) quase sempre noutro idioma.*
>
> *II. O dublador participa da magia do cinema. Ele consegue transferir e expressar, com a mesma emoção, os sentimentos que são postos na tela pelos atores (ou pelas*

figuras desenhadas). Um filme mudo ou sem tradução, não alcança o seu objetivo. A representação por cartela, no lugar da tradução, para filmes infantis, está longe de se tornar uma realidade, pois todos sabem que crianças, ainda que recém-alfabetizadas, não se interessam por filmes falados em idioma distinto do nosso ou por traduções legendadas.

III. O recurso da dublagem permitiu o aprimoramento da qualidade sonora dos filmes, além de se ter tornado uma boa solução para tomadas externas em condições adversas.

IV. Entre as vantagens da dublagem, está a questão técnica. Através dela os diretores encontraram um meio de elaborar de modo mais requintado a interpretação vocal dos atores, proporcionando, outrossim, que os filmes pudessem ser comercializados em escala mundial.

V. Diante de tais premissas, afigura-se razoável que aos dubladores seja reconhecido os direitos conexos, também conhecidos como direitos vizinhos ou análogos aos direitos do autor. A essa conclusão não foge a Lei nº 9.610, de 1998 (Lei dos Direitos Autorais).

Processo: 0100600-38.2006.5.01.0043 – DOERJ 09-03-2012 –

Data de Publicação: 09/03/2012 –

URL: http://bibliotecadigital.trt1.jus.br/jspui/handle/1001/349659

Relator / Redator designado: Leonardo Dias Borges – Órgão Julgador: Segunda Turma

Data do Julgamento: 2012/02/08 – Data de Acesso: 2012/04/06 04:14:57

Data de Disponibilização: 2012/04/06 04:14:57

Tipo de Processo: Recurso Ordinário

CONCLUSÃO

A Lei nº 6.533/78 foi uma manifestação legal do Poder Executivo, atendendo ao clamor dos artistas de forma a ter a profissão regulada.

O pressuposto do artigo 13 da Lei nº 6.533/78, ao impedir a cessão de direitos autorais decorrente da prestação de serviços, *é atender aos fins sociais de equilíbrio entre autor/empregado e empregados,* por óbvio dentro da regra legal.

Sintetiza com precisão a manifestação do Ministro Moreira Alves, ao proferir o voto na ***Representação de nº 1.031*** feito pela Procuradoria-Geral da República – *"Não se retirou o direito exclusivo de utilização da obra ou da representação, o que a Constituição garante, na parte inicial do § 25 do artigo 153. Disciplinou-se essa utilização de maneira que ficassem protegidos o autor e o artista em face de seu empregador. É a limitação necessária a essa disciplina, a qual visa exatamente a permitir o exato cumprimento da garantia constitucional (que, sem ela, seria* *ilusória, pela desigualdade econômica entre as partes contratantes), não viola, evidentemente, a garantia que, por meio dela, efetivamente se assegura. Aplica-se, aqui, o que universalmente tem sido admitido e que, em teoria, se denominou* ***dirigismo*** *contratual. É a atuação do Estado a impedir que, pelo respeito à igualdade meramente jurídica que a autonomia da vontade estabelece, uma das partes contratantes perca a liberdade de contratar com quem deveria fazê-lo em prol de seus interesses, pelo poder econômico da outra, que se aproveita da necessidade que tem a primeira da celebração do contrato. Por tudo isso, sr. Presidente, não tenho dúvida alguma em acompanhar os colegas que se vêm manifestando no sentido da improcedência da representação."*

Daí, se existe a criação intelectual em cumprimento de dever funcional, é impedido por lei acumular o contrato de prestação de serviços com disposição a cessão de direitos autorais, quer em razão do ato jurídico, quer em razão das pessoas, pois pode haver contratos distintos com as mesmas partes.

Ao analisar o disposto no artigo 17, § 2º da Lei nº 9.610/98:

> *"Art. 17. É assegurada a proteção às participações individuais em obras coletivas. (...)*
>
> *§ 2º Cabe ao organizador a titularidade dos direitos patrimoniais sobre o conjunto da obra coletiva."*

Notório que os direitos morais pertencem ao autor (art. 22 da Lei nº 9.610/98), com a imposição de serem inalienáveis (art. 27 do mesmo diploma). Se se tratar de obra coletiva, os mesmos direitos permanecem com o autor, ressalvada a fração dos direitos patrimoniais, que, como enuncia o artigo 49 da Lei nº 9.610/98, em seu inciso VI:

"VI – não havendo especificações quanto à modalidade de utilização, o contrato será interpretado restritivamente, entendendo-se como limitada apenas a uma que seja aquela indispensável ao cumprimento da finalidade do contrato."

Agregando à interpretação o disposto no artigo 13 § único da Lei nº 6.533/78:

> *Os direitos autorais e conexos dos profissionais serão devidos em decorrência de cada exibição da obra.*

Portanto, é nulo qualquer negócio jurídico que contrarie a ordem pública (art. 2.035, parágrafo único do Código Civil), como o contrato de prestação de serviços cumulado com cessão de direitos autorais.

REFERÊNCIAS

ASCENSÃO, José Oliveira. *Direito de autor e direitos conexos.* Lisboa: Coimbra, 1992.

ASCENSÃO, José Oliveira. *Direito autoral.* 2. ed. Rio de Janeiro: Renovar, 1997.

ASCENSÃO, José Oliveira. *Direito autoral.* Rio de Janeiro: Forense, 1980.

BITTAR, Carlos Alberto. *Direito de autor na obra feita sob encomenda.* São Paulo: RT, 1977.

CHAVES, Antonio. *Criador da obra intelectual.* São Paulo: LTr, 1995.

CAMARGO, Antônio Norival Camargo. *Princípios e ideologias.* São Paulo: Edipro, 2000.

VILLALBA, Carlos Alberto; LIPSZYK, Delia. *Derechos de los artistas interpretes o ejecutantes productores de fonogramas y organismos de radiodifusion*. Buenos Aires: Victor P. de Zavalia, 1976.

CHERPILLOD, Ivan. *L'objet du droit d'auteur*. Lausanne: Cedidac, 1985.

COSTA NETTO, José Carlos. *Direito autoral no Brasil*. São Paulo: FTD, 1998.

LIPSZYK, Delia Lipzyc. *Derechos de autor*. Buenos Aires: Zavalla, 1997.

DINIZ, Maria Helena. *LICC brasileiro interpretada*. 3. ed. São Paulo: Saraiva, 1997.

POUILLET, Eugene Poulliet. *Traité de la propriété litteraire et artistique*. 3. ed. Paris: Marchal et Billard, 1908.

ESPINOLA, Eduardo. *A Lei de Introdução ao Código Civil Brasileiro*. 3. ed. Rio de Janeiro: Renovar, 1999.

FERNANDES, Milton. Pressupostos do direito autoral de execução pública. Tese de docência de Direito Civil da UFMG. Belo Horizonte, 1967.

LIMA, Francisco Meton Marques de. *Os princípios de direito do trabalho*. São Paulo: LTr, 1993.

BROGLIE, Gabriel de. *Le droit d'auteur et l'internet*. Paris: Universitaires de France, 2001.

HUGO, Victor. *Os Miseráveis*, Tradução de Carlos dos Santos. São Paulo: Círculo do Livro, 1985.

JESSEN, Henry. *Direitos intelectuais*. Rio de Janeiro: Edições Itaipu, 1967.

MORAES, Walter. *Questões de direitos de autor*. São Paulo: RT, 1977.

MAXIMILIANO, Carlos. *Hermenêutica e aplicação do direito*. 18. ed. Rio de Janeiro: Forense, 1999.

MANSO, Eduardo. *Contratos de direito autoral*. São Paulo: RT, 1989.

MOUCHET, Carlos; RADAELLI, Sigfrido. *Derechos intelectuales*. Buenos Aires: Guilhermo Kraft, 1948. v. III.

NASCIMENTO, Amauri Mascaro. *Curso de direito do trabalho*. São Paulo: Saraiva, 1997.

ROMITA, Arion Sayão. *A norma jurídica*. FERRAZ, Sergio (coord.). Rio de Janeiro: Freitas Bastos, 1980.

RAMIRES, Maurício. *Crítica à aplicação de precedentes no direito brasileiro*. Porto Alegre: Livraria do Advogado, 2010.

RAO , Vicente. *O direito e a vida dos direitos*. 5. ed. São Paulo: RT, 1999.

FRANÇA, R. Limongi. Dos princípios gerais de direito. São Paulo: RT, 1963.

SATANOWSKI, Isidro. *Derecho intelectual*. Buenos Aires: TEA, 1954. v. I.

SILVA, Wilson Melo da. *O dano moral e sua reparação*. Rio de Janeiro: Forense, 1969.

TELLES NETTO. *Contrato de edição*. Recife: Jornal do Commercio, 1940.

TIMM, Luciano. *Da prestação de serviços*. Porto Alegre: Síntese, 1998.

PIMENTA, Eduardo. *Código de direitos autorais*. São Paulo: Lejus, 1998.

PIMENTA, Eduardo. *Princípios de direitos autorais*. Rio de Janeiro: Lumen Juris, 2004.

PONTES DE MIRANDA. *Tratado de direito privado*. Campinas: Bookseller, 2002. t. 16.

REVISTAS, JORNAIS E APOSTILAS

ABC do direito de autor. Porto: Presença, 1984.

OBRAS protegidas pelo direito de autor. *O Estado de S.Paulo*, 27 set. 1981.

RIDI – Revista Interamericana de Direito Intelectual. RT, v. I, nº 2, p. 86.

ÍNTEGRA DO ACÓRDÃO PROFERIDO PELO SUPREMO TRIBUNAL FEDERAL

Supremo Tribunal Federal
do
República Federativa do Brasil

22

10.12.1980 [illegible]

[illegible]

[illegible] : [illegible]
[illegible] : [illegible]
[illegible] : [illegible] E O SR. PRESIDENTE DA [illegible]
[illegible] : CONFEDERAÇÃO NACIONAL DOS [illegible] EM ESTABELECIMENTOS DE EDUCAÇÃO E CULTURA

[illegible]: – Direitos autorais e conexos de artistas e intérpretes. A proibição legal da respectiva cessão (art.13 da Lei nº 6.533, de 1978) não é inconstitucional. Representação improcedente.

A C Ó R D Ã O

Vistos, relatados e discutidos estes autos, acordam os Ministros do Supremo Tribunal Federal, em Sessão Plenária, de conformidade com a ata de julgamentos e notas taquigráficas, à unanimidade de votos, julgar improcedente a Representação.

Brasília, 10 de dezembro de 1980.

[illegible] – PRESIDENTE

XAVIER DE ALBUQUERQUE – RELATOR

Supremo Tribunal Federal
da
República Federativa do Brasil

REPRESENTAÇÃO Nº 1.031-7 - DISTRITO FEDERAL

RELATOR : O SR. MINISTRO XAVIER DE ALBUQUERQUE
REPRESENTANTE: PROCURADOR-GERAL DA REPÚBLICA
REPRESENTADOS: CONGRESSO NACIONAL E O SR. PRESIDENTE DA REPÚBLICA

RELATÓRIO

O eminente Procurador-Geral da República ofereceu representação na qual argüiu a inconstitucionalidade do art.13 e seu parágrafo único da Lei nº 6.533, de 24.5.78, bem assim dos arts. 33 e 34 do Decreto nº 82.385, de 5.10.78, que respectivamente reproduzem o teor dos precitados dispositivos legais.

A lei em questão dispõe sobre a regulamentação das profissões de Artista e de Técnico em Espetáculos de Diversões. Seu artigo 13 e respectivo parágrafo único assim estão redigidos:

> "Art. 13. Não será permitida a cessão ou promessa de cessão de direitos autorais e conexos decorrentes da prestação de serviços profissionais.
>
> Parágrafo único. Os direitos autorais e conexos dos profissionais serão devidos em decorrência de cada exibição da obra."

O fundamento da argüição, feita a pedido de pessoa interessada, é o de que as normas impugnadas infringem o disposto no art. 153, § 25 da Constituição.

Supremo Tribunal Federal
da
República Federativa do Brasil

24

Rp 1.031-7-DF

2.

O Presidente do Congresso Nacional prestou informações nas quais esclareceu que as disposições atacadas constaram do projeto encaminhado ao Parlamento pelo Presidente da República. Quatro emendas lhes foram apresentadas durante a tramitação legislativa, mas todas foram rejeitadas.

Também o Presidente da República prestou informações que, elaboradas pelo Gabinete Civil, têm o seguinte teor (fls. 85/87):

"A Lei nº 6.533, de 24 de maio de 1978, que dispõe sobre a regulamentação das profissões de Artista e de Técnico em Espetáculos de Diversões, foi elaborada por iniciativa do Poder Executivo.

O projeto que se converteu na aludida lei foi encaminhado ao Congresso Nacional com a Mensagem nº 129, de 13 de abril de 1978, acompanhado da Exposição de Motivos nº 11/78, dos Ministros de Estado da Justiça, do Trabalho, das Comunicações e da Educação e Cultura.

Na aludida E.M., com pertinência para o exame da argüição de inconstitucionalidade do artigo 13 da aludida Lei nº 6.533/78, tem cabimento transcrever os trechos seguintes:

"O Projeto de Lei anexo substitui o anteriormente submetido à consideração de Vossa Excelência, através da Exposição de Motivos nº 45, de 28 de junho de 1976, que dispunha sobre o exercício profissional dos Artistas e Técnicos em Espetáculos de Diversões e criava os Conselhos Federal e Regionais de Artistas e Técnicos em Espetáculos de Diversões, retirado a pedido desses profissionais, que alegavam não terem sido atendidas as reivindicações mínimas da categoria e não desejarem a criação de órgão fiscalizador do exercício da profissão.

Partindo do trabalho elaborado por Comissão designada pelos Artistas, sob a coordenação do Presidente do Sindicato dos Artistas e Técnicos em Espetáculos de Diversões do Estado do Rio de Janeiro, procurou-se conservar a forma original do projeto, compatibilizando-o em alguns aspectos sócio-econômicos, e, na medida do possível, sem desvirtuá-lo, atender algumas das sugestões apresentadas por entidades empregadoras.

Inscriu-se, também, no Projeto de Lei, norma impeditiva da cessão, ou promessa de cessão, de direitos autorais e conexos, decorrentes da prestação de serviços profissionais (art. 13 e parágrafo único)."

Não passou despercebida dos ilustres Membros do Congresso Nacional a circunstância de que o projeto de lei fora elaborado a partir de proposta dos setores profissionais interessados e que, em seu texto, visando à proteção dos próprios artistas, fora inserida a norma, ora impugnada, impeditiva da cessão ou promessa de cessão de direitos autorais e conexos decorrentes da prestação de serviços profissionais.

Por isso é que, apresentadas 3 (três) emendas — as de números 16, 17 e 18 — visando à alteração do artigo 13 do projeto, foram todas elas rejeitadas pelo Congresso Nacional, acolhendo as razões apontadas pelo Relator, nos termos seguintes:

> "Emendas nºs. 16, 17 e 18 — O Poder Executivo, ao incluir neste Projeto a proibição da cessão de direitos autorais e conexos, pretende proteger o artista, atendendo a constante reivindicação da categoria e de seus órgãos de classe. Parece-nos mais conveniente manter o artigo tal como proposto pelo Executivo, consequente de negociações prolongadas." (DCN-048, de 16/5/78 – pág. 901)

Aprovado pelo Poder Legislativo nos termos do Substitutivo da Comissão Mista que o examinou, o projeto foi sancionado sem vetos, convertendo-se na Lei nº 6.533, de 24 de maio de 1978, que entrou em vigor no dia 19 de agosto do mesmo ano.

Dentro da mesma orientação protetiva dos direitos autorais — que o legislador compreendeu e expressamente ratificou — o Regulamento que se seguiu à Lei nº 6.533, de 1978, ora igualmente impugnado, como não poderia deixar de ser repetia a regra consubstanciada no artigo 13 da norma de hierarquia superior, na forma seguinte:

> "Art. 33. Não será permitida a cessão ou promessa de cessão de direitos autorais e

conexos decorrentes da prestação de serviços profissionais." (Decreto nº 82.385, de 5 de outubro de 1978).

Finalmente, cumpre ressaltar que as normas objeto da presente argüição de inconstitucionalidade — o artigo 13 e seu parágrafo único da Lei nº 6.533, de 1978, e os artigos 33 e 34 do respectivo Regulamento, expedido com o Decreto nº 82.385, do mesmo ano — não pareceram ao Poder Executivo fossem incompatíveis com a Lei Maior, dado que ao legislador ordinário sempre foi reconhecido o poder de restringir o exercício de direitos individuais, quando o seu livre uso for contrário aos interesses da coletividade ou, como no caso presente, for lesivo aos seus próprios titulares.

É o que se verifica, entre outros exemplos, com as normas legais que, no campo do Direito do Trabalho, restringem a liberdade de contratar dos empregados, considerando nulos os ajustes que, mesmo livremente pactuados, ofendam as regras tutelares das relações de trabalho."

Por fim, com vista dos autos para opinar sobre o mérito da argüição, o nobre Procurador-Geral emitiu parecer que, na parte conclusiva, está escrito nestes termos (fls.91/93):

"A leitura do previsto no artigo 153, § 25, da Constituição Federal, vê-se, de fácil, que, no preceito constitucional aos autores de obras literárias, artísticas e científicas, e só a eles, com exclusividade, pertence o direito (leia-se: o poder jurídico) de utilizá-las, vale dizer o poder jurídico de exercer direitos oriundos da autoria das obras em referência.

A cessão ou promessa de cessão de direitos autorais é exercício do poder contido no direito subjetivo do autor, cuja titularidade é assegurada, de modo absoluto, na Constituição Federal.

Só não pode ceder direitos, ou prometer cedê-los, os que deles não são titulares. Um dos pressupostos da existência do direito subjectivo é o poder de ceder ou prometer ceder." Quem não o pode fazer, não é titular de direito algum.

Assim, pois, dizendo-se no artigo 13 da Lei nº 6.533, de 1978, que "não será permitida a cessão ou promessa de cessão de direitos autorais e conexos decorrentes da prestação de serviços profissionais", diz-se, a um tempo, que, da prestação de serviços, nascem direitos autorais. Direitos subjectivos, que, ao parecer, são cedíveis, ou susceptíveis de cessão, pois, pertencem, exclusivamente, nos termos da norma constitucional, aos prestadores de serviços profissionais.

Ao legislador ordinário, pena de inconstitucionalidade, é defeso sobrepor-se aos ditames da Constituição Federal.

Ademais, *in casu*, não se trata de restringir, e sim suprimir, o exercício do direito individual assegurado no Estatuto Supremo. Os autores de propriedade literária, artística e científica têm a garantia constitucional do poder exclusivo de utilização de suas obras, consoante o § 25 do artigo 153 da Constituição Federal.

A lei ordinária poderá estabelecer limite de tempo para o gozo desse direito transmissível por herança, jamais impedir a transmissibilidade inter vivos. O invocado preceito repugna outra interpretação que não a decorrente de seus termos. Tanto assim que o mestre Pontes de Miranda, ao comentar o § 25 do artigo 153, da Emenda Constitucional nº 1, de 17 de outubro de 1969, escreveu:

> "Além de assegurar aos autores o direito exclusivo de reproduzir as obras da sua lavra, o texto impõe que tal direito se transmita aos seus herdeiros (em sentido largo, de sucessores - herdeiros legítimos ou testamentários, legatários, beneficiados por modus). Quanto ao tempo pelo qual hão de desfrutá-lo os sucessores, a lei é que diz. O que se tira da regra jurídica constitucional é que o legislador constituinte fez vitalício o direito do autor e, até onde a legislatura ordinária entender, o de gozo pelos sucessores" ("Comentários à Constituição de 1967 com a Emenda nº 1, de 1969" - Tomo V, pág. 534).

E, mais adiante (ob. cit.), acentua:

> "Os direitos do autor são alienáveis ou definitivamente, ou por certo tempo, ou por edição, ou por outra maneira de contagem. A

Supremo Tribunal Federal
da
República Federativa do Brasil 30

Rp. 1.031-7-DF 8.

lei pode regular o máximo de tempo por que se pode alienar, as causas de resolução, de resilição e de caducidade, os direitos, deveres, pretensões, obrigações e ações dos autores e dos editores."

Em face do exposto, espera esta Procuradoria-Geral que seja julgada procedente a representação em causa."

Lançado nos autos o presente relatório, extraiam-se cópias para distribuição a todos os Ministros.

Peço dia.

Brasília, 24 de novembro de 1980.

XAVIER DE ALBUQUERQUE
Ministro-Relator.

Supremo Tribunal Federal
da
República Federativa do Brasil

31

10.12.80 TRIBUNAL PLENO

REPRESENTAÇÃO Nº 1.031-7 - DISTRITO FEDERAL

V O T O

O SR. MINISTRO XAVIER DE ALBUQUERQUE (RELATOR) - São procedentes, a meu ver, estas ponderações finais das informações prestadas pelo Presidente da República (fls. 87):

> "Finalmente, cumpre ressaltar que as normas objeto da presente argüição de inconstitucionalidade — o artigo 13 e seu parágrafo único da Lei nº 6.533, de 1978, e os artigos 33 e 34 do respectivo Regulamento, expedido com o Decreto nº 82.385, do mesmo ano — não pareceram ao Poder Executivo fossem incompatíveis com a Lei Maior, dado que ao legislador ordinário sempre foi reconhecido o poder de restringir o exercício de direitos individuais, quando o seu livre uso for contrário aos interesses da coletividade ou, como no caso presente, for lesivo aos seus próprios titulares.
>
> 9. É o que se verifica, entre outros exemplos, com as normas legais que, no campo do Direito do Trabalho, restringem a liberdade de contratar dos empregados, considerando nulos os ajustes que, mesmo livremente pactuados, ofendam as regras tutelares das relações de trabalho."

Ora, é inegável que a Lei nº 6.533/78 integra, sem embargo do caráter misto que lhe atribuem muitas de suas normas, a ordem jurídica trabalhista, marcadamente inspirada em princípios protetivos e tutelares. Não há por que estranhar-se que restrinja ou mesmo impeça a transmissão de direitos autorais e conexos, quando decorrentes da prestação de serviços profissionais, vale dizer, do contrato do trabalho.

Tal restrição, aliás, mesmo no plano do direito comum, é advogada em doutrina, de lege ferenda. Ao propósito, escreve José de Oliveira Ascensão (Direito Autoral, 1980, pág. 109):

> "A alienação global do direito de autor é admitida, pelos direitos latinos, mas não por ordens jurídicas como a alemã.
>
> Supomos que a razão está com estas últimas, e que é este o campo em que mais urgentemente é necessária a intervenção da lei para afastar uma liberdade contratual que acaba por se virar contra o autor, que é a parte mais fraca.
>
> De fato, as transmissões do direito de autor são muitas vezes impostas aos criadores intelectuais pelas empresas a que estes têm de recorrer para a publicação ou comercialização das suas obras. Quando estes não estão em condições de ameaçar com a mudança de empresário, a cláusula da cessão global do direito é uma cláusula a que não podem fugir. Isso significa que, para conseguir as vantagens de uma primeira utilização, o criador intelectual tem de pagar o amargo preço da renúncia a todas as utilizações posteriores."

Logo adiante, ao mesmo tempo em que registra e louva precisamente o art. 13 da Lei nº 6.533/78, aqui impugnado, conclui esse autor (ob. cit., pág. 110):

"Pensamos pois que a transmissão do direito de autor devia ser proibida por lei. Esta restrição da liberdade do criador intelectual seria gostosamente festejada por este e não traria prejuízos à utilização normal das obras: só afastaria os ganhos de acaso obtidos à custa dos autores."

Fixada a teleologia da norma, que seguramente a recomenda, resta ver se ela colide com o preceito constitucional invocado para suporte da representação.

Não me parece que o afronte, data venia do nobre Procurador-Geral.

O que a Constituição assegura aos autores de obras literárias, artísticas e científicas é o direito exclusivo de utilizá-las. E Pontes de Miranda registra que a exclusividade do direito de reprodução é que constitui o elemento inatingível pelas leis, sob pena de serem inconstitucionais (Comentários à Constituição de 1967 com a Emenda de 1969, tomo V, pág. 585). Por isso, segundo o saudoso jurisconsulto, "não é inconstitucional a lei que exija aos autores ou editores certo número de exemplares, ou percentagem deles, ou do próprio lucro, a favor do Estado, ou de instituição de utilidade pública", porque "a restrição não é ao direito de reprodução, que a Constituição quer exclusivo, mas ao corpo do direito de propriedade" (ob. loc. cit.).

Noutro passo, diz ainda o emérito escritor (ob. cit., pág. 584):

"Os direitos do autor são alienáveis, ou definitivamente, ou por certo tempo, ou por edição, ou por outra maneira de contagem. A lei pode regular o máximo de tempo por que se pode alienar, as causas de resolução, de resilição e de caducidade, os direitos, deveres ,

Supremo Tribunal Federal
da
República Federativa do Brasil

34

Rp 1.031-7-DF .4

pretensões, obrigações e ações dos autores e dos editores."

Ora, podendo a lei limitar o tempo máximo por que se podem alienar os direitos do autor, que razão haverá, no plano constitucional, para que não possa, também, impedir a alienação definitiva desses mesmos direitos?

Julgo improcedente a representação.

TRIBUNAL PLENO

REPRESENTAÇÃO Nº 1.031 - DISTRITO FEDERAL

V O T O

O SR. MINISTRO RAFAEL MAYER:- Sr. Presidente, como bem salientado pelo eminente Relator, a norma legal tem evidente caráter protetor, precisamente com relação àqueles direitos decorrentes ou inerentes à prestação de serviços profissionais. Esta vinculação é que suscita a necessidade da proteção, tendo em vista o interesse social aí presente. É norma de caráter social, como tantas outras, em que o condicionamento do direito não importa em restrição dele, senão em sua defesa, garantia e efetividade. Assim também dispõe a lei trabalhista, seguidamente: os direitos do trabalhador são irrenunciáveis, e assim se faz em seu próprio benefício. Assim, a norma em causa não afronta o artigo constitucional invocado, senão que lhe confere um conteúdo social bem compatível com as linhas contemporâneas, no plano do social.

Acompanho o eminente Relator.

Supremo Tribunal Federal
da
10.12.1979 República Federativa do Brasil

36

TRIBUNAL PLENO-

REPRESENTAÇÃO Nº 1.031 - DISTRITO FEDERAL

V O T O

O SENHOR MINISTRO DECIO MIRANDA - Sr. Presidente, a norma constitucional, que se diz afrontada e vulnerada pela regra da lei ordinária, parece-me até induzir a solução adotada pelo legislador. Isto porque, segundo o § 25 do art. 153 da Constituição, "aos autores de obras literárias, artísticas e científicas pertence o direito exclusivo de utilizá-las". A palavra "utilizar", já por si, melhor condiz com a idéia de permanência do que com a de instantânea disposição.

01213010
04640010
00313020
01310500

O eminente Procurador-Geral da República, que, com o costumeiro brilho, acaba de defender oralmente a argüição de inconstitucionalidade, sustenta que ou seria inconstitucional a regra atual, ou o seria a norma anterior.

Parece-me, entretanto, tratar-se de falso dilema: nenhuma delas será inconstitucional, ambas serão compatíveis com a Constituição, porque colocadas no âmbito alcançável pelo legislador ordinário.

O que se tem é a alternativa de escolha do legislador. Ele, como escolheu a primeira solução, teria podido optar pela segunda.

Estaria, porventura, mal inspirado numa das vezes em que agiu, ou talvez o tenha feito segundo as inspirações prevalentes da sociedade, num e noutro momento; nunca, porém, numa solução ou noutra, ferindo a Constituição.

A norma de hoje parece revestida de louvável propósito. Se, porventura, tiver inconvenientes, será o caso de o legislador novamente dispor a respeito; não de se afastar a norma com a arguição de inexistente inconstitucionalidade.

Acompanho os doutos votos dos eminentes Ministros Relator e Raphael Mayer.

mh.

Supremo Tribunal Federal
da
10.12.80 República Federativa do Brasil 38
TRIBUNAL PLENO

REPRESENTAÇÃO Nº 1.031 - DISTRITO FEDERAL

V O T O

O SENHOR MINISTRO SOARES MUÑOZ: - Sr. Presidente, em face dos memoriais que recebi, formei a convicção da perfeita sintonia entre a norma ordinária e a regra constitucional.

Os votos que me precederam, principalmente o pronunciamento do eminente Relator, demonstraram que essa minha conclusão é a verdadeira. E para demonstrá-la não preciso tecer as considerações que havia preparado, porque nada acrescentariam aos fundamentos do voto do eminente Relator.

De sorte que, por esses próprios fundamentos e pelo aduzido nos votos dos eminentes Ministros Rafael Mayer e Décio Miranda, julgo improcedente a Representação.

/map/

Supremo Tribunal Federal
da
República Federativa do Brasil

39

10 DEZEMBRO 1980 TRIBUNAL PLENO

REPRESENTAÇÃO Nº 1.031 - DISTRITO FEDERAL

V O T O

O SENHOR MINISTRO CUNHA PEIXOTO: -

Senhor Presidente, não vejo nenhuma contradição, entre o art. 13 e a norma constitucional. Elas podem viver harmonicamente, como foi demonstrado pelo eminente Relator e os eminentes Ministros que me antecederam, razão pela qual também julgo improcedente a representação.

01213010
04640010
00313040
01290700

-.-

lst

Supremo Tribunal Federal
da
República Federativa do Brasil

40

10.12.80. TRIBUNAL PLENO

REPRESENTAÇÃO Nº 1031 - DISTRITO FEDERAL

V O T O

O SR. MINISTRO MOREIRA ALVES - Sr. Presidente, examinei, com muita atenção, os memoriais relativos a este caso, por ter sido eu, quando Procurador-Geral da República, o autor do anteprojeto de que se originou a Lei 5.988, de 14 de dezembro de 1973, que regula os direitos autorais.

01213010
04640010
00313050
01280870

Naquela oportunidade, examinei problemas semelhantes ao presente, e não tive dúvida em optar por soluções de proteção ao autor, ainda que por meio de restrição à disponibilidade de seus direitos patrimoniais.

Assim, e independentemente de qualquer relação de natureza trabalhista, encontra-se nessa lei o disposto no artigo 39, que reza:

> "Art. 39. O autor, que alienar obra de arte ou manuscrito, sendo originais ou direitos patrimoniais sobre obra intelectual, tem direito irrenunciável e inalienável a participar na mais-valia que a eles advierem, em benefício do vendedor, quando novamente alienados".

Direito inalienável e irrenunciável, restrição acauteladora para que se evitasse pressão de poderio econômico.

O mesmo ocorre com referência ao artigo 54 dessa lei:

> "Art. 54. A cessão dos direitos do autor sobre obras futuras será permitida se abranger, no máximo, o período de cinco anos.
>
> Parágrafo único. Se o período estipulado for indeterminado, ou superior a cinco anos, a tanto ele se reduzirá, diminuindo-se, se for o caso, na devida proporção, a remuneração estipulada".

Outra restrição. E por que? Para impedir que se repetissem fatos como o ocorrido com o Prof. VEIGA CABRAL, que, aos vinte e um ou vinte e dois anos de idade, querendo concorrer a uma cátedra no Instituto de Educação do Rio de Janeiro, e não dispondo de recursos para a impressão de sua tese, teve de concordar com a exigência do editor que a publicaria por sua conta, desde que o Professor lhe cedesse os direitos patrimoniais de todas as obras que viesse a escrever durante sua vida. VEIGA CABRAL, com isso, pode conquistar a cátedra, mas ficou vinculado, pelo resto de sua vida, às condições daquela cessão de direitos patrimoniais sobre as obras que produziu posteriormente.

E, note-se (a título de reparo ao eminente advogado que, da tribuna, profligou interpretações civilistas), isso em lei de natureza tipicamente civil, sem vinculações ao direito trabalhista.

No caso presente, toda a controvérsia gira em torno do artigo 13 da Lei 6.533/78, o qual reza:

> "Art. 13. Não será permitida a cessão ou promessa de cessão de direitos autorais e conexos decorrentes da prestação de serviços profissionais.
>
> Parágrafo único. Os direitos autorais e conexos dos profissionais serão devidos em decorrência de cada exibição da obra".

Essa norma não retirou do titular do direito autoral ou do direito a ele conexo o direito exclusivo de utilizar-se dele. O que fez, apenas, foi estabelecer a proibição, em favor do próprio titular do direito, de cessão definitiva deste, em qualquer caso, ainda quando o cessionário seja o patrão. Com isso, esse preceito deu efetiva proteção ao titular desses direitos, sabido como é que, nesses casos, o empregador, para celebrar o contrato de trabalho, poderia compelir o autor ou o artista a ceder, de antemão, os direitos patrimoniais sobre a obra ou a representação dramática, propiciando àquele reproduzi-la quantas vezes o quisesse, sem qualquer pagamento a estes.

O artigo em causa, em última análise, como que permitiu somente - e em favor dos autores e artistas -, cessões temporárias (para uma exibição da obra), mas em número indefinido, proibida a cessão definitiva.

O SR. MINISTRO THOMPSON FLORES - São cessões onerosas.

O SR. MINISTRO MOREIRA ALVES - Não se retirou o direito exclusivo de utilização da obra ou da representação, o que a Constituição garante, na parte inicial do § 25 do artigo 153. Disciplinou-se essa utilização de maneira que ficassem protegidos o autor e o artista em face de seu empregador. E a limitação necessária a essa disciplina, a qual visa exatamente a permitir o exato cumprimento da garantia constitucional (que, sem ela, seria ilusória, pela desigualdade econômica entre as partes contratantes), não viola, evidentemente, a garantia que, por meio dela, efetivamente se assegura.

Aplica-se, aqui, o que universalmente tem sido admitido e que, em teoria, se denominou dirigismo contratual. É a atuação do Estado a impedir que, pelo respeito à igualdade meramente jurídica que a autonomia da vontade estabelece, uma das partes contratantes perca a liberdade de contratar com quem deveria fazê-lo em prol de seus interesses, pelo poder econômico da outra, que se aproveita da necessidade que tem a primeira da celebração do contrato.

Por tudo isso, Sr. Presidente, não tenho dúvida alguma em acompanhar os colegas que se vêm manifestando no sentido da improcedência da representação.

rdd/

Supremo Tribunal Federal
da
República Federativa do Brasil

44

10. 12. 1980 TRIBUNAL PLENO

REPRESENTAÇÃO 1.031 - DISTRITO FEDERAL

VOTO

O SENHOR MINISTRO CORDEIRO GUERRA:- Sr. Presidente, na presente representação procurou-se interpretar os artigos impugnados como inconstitucionais, como uma restrição ao direito de usar, fruir e dispor de coisas ou limitar um direito; procurou-se, por assim dizer, ressurgir os princípios da liberdade de contratar do Código Napoleônico. Sustentou-se que o art. 13 e o seu § único são violadores dessa liberdade. Entretanto, no campo do Direito Civil, são numerosas as limitações à livre convenção no interesse da justiça social, além das que ocorrem no Direito do Trabalho. Rompeu o direito moderno com o individualismo consagrado no Código Civil e cerceou a liberdade de contratar ao disciplinar, por exemplo, os arrendamentos rurais. Tive oportunidade de dizer isso, em voto que acabou prevalecendo nesta Egrégia Corte, quando se discutiu o capítulo do arrendamento verbal em face do Estatuto da Terra. Ninguém ignora as limitações ao direito de contratar decorrentes da Lei de Luvas, da lei do Inquilinato, dos contratos de adesão regulamentados pelo Poder Público: os seguros, a capitalização, os de transporte, enfim, todos aqueles contratos em que, como observou EL-GAMMAL, a ordem jurídica sofre a influência da intervenção econômica do Estado. Disse RENÉ SAVATIER :

Supremo Tribunal Federal
da
República Federativa do Brasil

45

Representação 1.031 - D F -2

" Os contratos são menos considerados, hoje em dia, como uma livre construção da vontade humana do que uma contribuição das atividades humanas à arquitetura geral de um país, arquitetura que o Estado entende, agora, dirigir pessoalmente. "

E a Suprema Corte Americana definiu o direito de contratar :

" A liberdade de contratar não é um direito absoluto. É condicionado. Não há um direito de fazer, cada um, o que ele quer, ou o contrato como ele escolhe. A garantia da liberdade não tira do Legislativo a supervisão do amplo departamento da atividade que consiste no realizar os contratos ou negar ao Governo o poder de prover medidas restritivas. A liberdade implica a ausência de restrições arbitrárias, não a imunidade ante razoáveis regulamentações e proibições impostas no interesse da comunidade. "

Regulamentos governamentais da liberdade de contratar, freqüentemente são reconhecidos constitucionais pela Corte Suprema Americana.

Conforme já tive oportunidade de salientar, frequentemente reconhecemos a legitimidade de restrições legais à liberdade de contratar, inclusive neste caso, que foi o último mais importante, relativo ao Estatuto da Terra (RE 35.333 - PR - RTJ 88/232).

Ora, na espécie, o que a lei impugnada proíbe, não o faz contra o titular do direito assegurado na C Constituição, mas a favor dele, para protegê-lo.

Não vejo qualquer inconstitucionalidade nos

Supremo Tribunal Federal
da
República Federativa do Brasil

46

Representação 1.031 - DF -3

nos textos apontados como infringentes da Carta Magna. Essas palavras são apenas ditas para mostrar que não se trata de um julgamento excepcional, mas de um julgamento decorrente de um princípio reconhecido, de uma jurisprudência que se sobrepõe a interesses de partes ou a clamores de interessados. Este Tribunal decide na estrita observância dos mandamentos da Constituição e das leis do País, sem ceder a influências econômicas ou a pressões demagógicas. E disso estou bem certo, pelos fundamentados votos que me precederam e pelos seguros argumentos do voto do eminente Relator a que adiro sem restrições.

Julgo improcedente a representação.

-x-x-x-x-x-x-x-x-

tkp

Supremo Tribunal Federal
da
República Federativa do Brasil

10.12.1980 47

TRIBUNAL PLENO

REPRESENTAÇÃO Nº 1.031 - DISTRITO FEDERAL

V O T O

O SR. MINISTRO LEITÃO DE ABREU - Sr. Presidente, o Judiciário somente pode declarar a inconstitucionalidade de texto legal quando flagrante ou estridente a incompatibilidade entre este e a Constituição.

01213010
04640010
00313070
01281010

Ora, no caso presente, em vez de incongruência flagrante ou estridente entre a norma legal impugnada e a Constituição, o que existe, consoante está bem demonstrado pelo eminente Ministro Xavier de Albuquerque, na sua condição de Relator, e pelos demais Ministros que me antecederam, é uma perfeita harmonia entre o texto impugnado e a Carta Política em vigor.

Por estes motivos, acompanho, também, o eminente Relator, julgando improcedente a representação.

****

Supremo Tribunal Federal
da
10.12.80 República Federativa do Brasil 48
Tribunal Pleno

REPRESENTAÇÃO Nº 1.031 - DISTRITO FEDERAL

V O T O

O SR. MINISTRO CARLOS THOMPSON FLORES: Senhor Presidente.

Do relatório e dos memoriais recebidos, convenci-me que a representação não poderia prosperar.

Penso que convivem, e sem qualquer embaraço ou atrito, o art. 13 e seu parágrafo único, da Lei 6.533/78, com o art. 153, § 25, da Constituição.

O alcance de um e de outro é completamente distinto.

A lei ordinária é eminentemente protetiva e resguarda o trabalho do intérprete sem afastar ou comprometer o autor.

Posto que aparentemente limitativa, o preceito é tutelar, como encontrado na C.L.T., ou normas de direito civil.

Bem inspirado, pois, esteve o eminente Relator, começando seu voto com as derradeiras expressões das informações de S.Exa. o Presidente da República, das quais se extrai esse cunho protetivo da lei.

A meu ver aí reside a chave da controvérsia.

Depois, contribuição preciosa acaba de trazer o eminente Ministro Moreira Alves, cuja autoridade de pro

Supremo Tribunal Federal
da
República Federativa do Brasil

49

Rep. nº 1.031 - DF - 2 -

fessor de Direito Civil soma-se a de autor do anteprojeto que desfechou na Lei 5.988, na qual se pode, como S.Exa. o fez, extrair subsídios para a boa interpretação da lei aqui incriminada.

Fazendo meus os fundamentos do voto do eminente Relator, julgo, também, improcedente a representação.

É como voto.

mcdr/

Supremo Tribunal Federal
da
República Federativa do Brasil

50

10.12.80 TRIBUNAL PLENO

REPRESENTAÇÃO Nº 1.031 - DISTRITO FEDERAL

V O T O

O SENHOR MINISTRO DJACI FALCÃO: Sr. Presidente, o art. 13, da Lei 6.533/78, guarda em si uma intenção protetiva dos chamados direitos autorais, visando resguardar os autores contra possíveis atos lesivos dos seus interesses. A regra, que guarda elevado alcance social, como tantas outras, quer no plano do Direito Trabalhista, como no próprio Direito das Gentes, do Direito Civil, tem um caráter eminentemente público e, via de conseqüência, não conflita com o princípio inserido no § 25 do art. 153 da Constituição.

O douto Pontes de Miranda teve oportunidade de afirmar que o legislador constituinte fez vitalício o direito do autor.

Acompanhando o voto do eminente Ministro Relator, julgo improcedente a representação.

bds.

Supremo Tribunal Federal
da
República Federativa do Brasil

10.12.80 51 TRIBUNAL PLENO

REPRESENTAÇÃO Nº 1.031 - DISTRITO FEDERAL

V O T O

O SR. MINISTRO ANTONIO NEDER (PRESIDENTE): Também eu estou em que o discutido art. 13 não é contrário ao texto constitucional. As razões deste voto são as mesmas que foram deduzidas pelos nobres Ministros Relator e Moreira Alves.

***

DC/

Supremo Tribunal Federal
da
República Federativa do Brasil

52

SECRETARIA DO TRIBUNAL PLENO

EXTRATO DE ATA

Rp. 1.031-7 - DF - Rel., Min.: Xavier de Albuquerque. Rpte.: Procurador-Geral da República. Assistente Litisconsorte.: Gecy Valadão. (em arte "Jece Valadão"). (Adv.: Waldemar Zveiter). Rpdos.: Congresso Nacional e o Sr. Presidente da República . Assistente Litisconsorte.: Confederação Nacional dos Trabalhadores em Estabelecimentos de Educação e Cultura.(Advs Rubem José da Silva, Ulisses Riedel de Resende e outros).

Decisão: Julgou-se improcedente a representação. Votação uniforme. Votou o Ministro Presidente. Falaram.: o Procurador-Geral da República, substituto, Dr. Francisco de Assis Toledo; pelo Assistente Litisconsorte o advogado Waldemar Zveiter, e, pela Confederação Nacional dos Trabalhadores em Estabelecimentos de Educação e Cultura o advogado Ulisses Riedel de Resende. . Pleno, 10.12.80.

01213010
04640010
00314000
00001470

Presidência do Senhor Ministro Antonio Neder. Presentes à sessão os Senhores Ministros Djaci Falcão, Thompson Flores, Xavier de Albuquerque, Leitão de Abreu, Cordeiro Guerra, Moreira Alves, Cunha Peixoto, Soares Muñoz, Decio Miranda e Rafael Mayer.

Procurador-Geral da República, substituto, Dr.Francisco de Assis Toledo.

Alberto Veronese Aguiar - Secretário do Tribunal Pleno.